一歩進める　英語学習・研究ブックス

英語表現をマスター！

時制の公式

川村健治

開拓社

はじめに

英語を学ぶからには、英語で会話をしたり、文章を書いたりしたいものです。とは言っても、当然、いきなり英語で物を考えることなど、誰にもできませんよね。最初は、自分の**頭の中に浮かんだ日本語文を英語に直す**作業（＝和文英訳）をすることになります。

その時に、どうしても**英語表現の知識**が必要になってきます。しかし、和文英訳に挑戦したことのある方なら、誰でも経験があると思いますが、和文英訳とは、どうにも思い通りに行かないものです。

例えば学校や参考書では、「現在進行形＝〜している」と学びます。そこで、「私は彼を知っ<u>ている</u>」や「その時計は壊れ<u>ている</u>」という日本語文を、現在進行形を使って「I am knowing him.」としたり、「The clock is breaking.」と英訳すると、間違いになります。

この例の他にも、「教わった通りにしたのに、間違いになった」という、モヤモヤとした理不尽感を覚える方は多いのではないでしょうか。

これは、「（英語の）現在進行形＝（日本語の）〜している」が正しくても、その逆の「〜している＝現在進行形」が必ずしも成立しないことに原因があります。（日本語の「〜している」には、たくさんの用法があるからです。）

つまり、世間一般に言う「英文法」とは、実は、「英文和訳」の視点から書かれた文法なのです。しかし、英会話や英作文には、

「**和文英訳**」専用の**文法**が必要です。辞書に、「英和辞典」と「和英辞典」があるように、文法書にも、「英和文法書」と「和英文法書」があって然るべきなのです。

それにもかかわらず、これまでこの視点から書かれた英語の学習書は、(筆者の知る限り)ありません。どの学習書でも、例えば、「英語の現在進行形とは何か」の説明はしています。しかしその逆、つまり日本語の「〜している」がどういう英語表現(もしくは英訳パターン)になるかという点は、追及されて来ませんでした。

本書は、英会話や英作文で必要となる和文英訳の観点から、英語の「**時制**」について解説をするものです。この「和英文法」という新しいアプローチによって、日本語と英語の**表現のズレ**によって学習者が感じるモヤモヤが、少しでも解消されることを願っています。

川村健治

Este mensaje es para mi esposa Valeria(わが妻 Valeria へ):

Te dedico este libro con todo mi cariño porque estás siempre en mi corazón. Tus caricias y tu sonrisa me hacen ver al mundo más brillante y llenan mi vida de amor y felicidad. Las palabras no saben expresar lo que siento por ti... Solamente decir:
Oli tantan amii poke edeshu mi petota teshoringonberiicita i shoi chu monki.

目　次

第1章：　「～する」「～します」の英訳パターン

iv

第6章: 「be + ing 形」の和英文法

第7章: 「have + p.p.形」の和英文法 ①

> *‥発展‥*
>

第8章： 「have + p.p.形」の和英文法 ②

第9章： 「未来の表現」の和英文法 ①

第10章： 「未来の表現」の和英文法 ②

第11章：　「助動詞」の和英文法

第12章：　「〜している」「〜しています」の　　　　　英訳パターン ③

第15章： 「『時』に関する接続詞」の和英文法 ②

第16章： 「『時』に関する接続詞」の和英文法 ③

第17章： 「条件」と「反実仮想」の和英文法

注意点

1) 「はじめに」でも解説しましたが、この本は「和英文法」という、これまでにない全く新しいアプローチを紹介しています。そのため、「既存の英文法」（＝英和文法）では取り上げない事項が多く含まれています。このことに初めは、「何で突然こんな話をしているの!?」という違和感と言うか、「未知との遭遇」感を覚えるかも知れません。しかし、「和文英訳」の視点からすると重要なことばかりです。なぜなら、和文英訳の難しさの根源は、私たち日本人が、日本語の文法をほとんど知らないことにあるからです。

2) この本で使用する日本語に関する文法は、日本人が母国語として日本語を学ぶ時に用いる「国文法」ではなく、外国人が外国語として日本語を学ぶ時に使う「日本語文法」を基本にしています。

3) 日本語の文法にも、英文法の用語や考え方を当てはめています。例えば、「時に」という言葉を接続詞としたり、「継起」ではなく「連続」という言葉を使う、などです。

4) この本では、一般的な英文法用語を使わない場合があります。例えば、「過去分詞」と聞くと、何か「過去」という時間と関係があるような誤解を受ける可能性がありますよね。そこで代わりに、「p.p.形」という言葉を使うなどしています。以下に、いくつかの具体例を挙げておきます。

＜本書での表記＞		＜一般的な表記＞
p.p.形	＝	過去分詞
to 原形	＝	不定詞
have + p.p.形	＝	現在完了形
had + p.p.形	＝	過去完了形
be + ing 形	＝	進行形
未来の表現	＝	未来形
反実仮想	＝	仮定法

など

5) 本書で取り上げている文法事項および和文英訳例は、あくまでも「原則」です。正しい表現は1つだけとは限りません。特に、未来の表現や、過去形と「have + p.p.形」の使い分けなどでは、どちらも可能な場合があります。その違いは、話し手の認識の仕方によって変わってきます。

6) 本書では、「時制（＝テンス）」、「相（＝アスペクト）」、「法（＝ムード）」という用語の区別は付けず、まとめて「時制」と呼ぶことにします。

英語表現をマスター！

時制の公式

第1章： 「〜する」「〜します」の 英訳パターン

日本語の「〜する」「〜します」は、いつの事？

次の2つの日本語文では、どちらも「雪が**降ります**」と言っています。しかし1番目の文の英訳には **snows** という動詞の形を使えますが、2番目の文では間違いになります。その理由は？

この地方では、冬のあいだに雪がたくさん**降ります**
（○） In this region, it **snows** a lot during winter.

たぶん今日は雪が**降ります**
（×） Maybe it **snows** today.

和文英訳で「時制」を決める時に、まず注意することがあります。それは、日本語の「〜する」や「〜します」という動詞の形は、**「現在」**と**「未来」**の**両方**を指すことができる、ということです。

2番目の日本語文のように、「今日は雪が降ります」と言った場合、「今この時に、雪が降っている」のではなく、「今日、これから雪が降る」という意味ですよね。つまり、「未来」の内容です。

そのため、「〜する＝（英語の）現在形」と単純に考えると、2番目の英訳のように、間違えてしまいます。正しくは、will（ p.

110)を使って、次のように言います。

> たぶん今日は雪が**降ります**
> （○） Maybe it **will snow** today.

このように、日本語の**「〜する」**や**「〜します」**が、**未来**の内容を指すこともあります。その場合、次の2つの特徴があります。

1) 動詞が、「食べる」や「走る」などの**動作**や、「（雨が）降る」や「起こる」などの**出来事**を表す言葉であること。（言い換えれば、「状態」を表す動詞（☞ p. 17）ではないこと。）

2) **「未来」を表せる言葉**と一緒に使われていること。これには、「明日」や「来週」のような明らかに未来を表す言葉の他にも、次のような言葉もある。

> あとで （later）　　もうすぐ （soon）
> 〜後に （in 〜）　　〜曜日に （on 〜）
> 〜時に （at 〜 o'clock）　　　　　 など

< 確認問題 >

次の日本語文は、「今この時」の内容か、それとも「これから」の内容かを判断して、英訳として正しいのはどちらか考えてみましょう。

1 （時間があれば）私はトムと7時に映画に行きます

I **go** to the movies with Tom at 7 o'clock.

I **will go** to the movies with Tom at 7 o'clock.

3

2　トムは寝室にいます

　　Tom **is** in his bedroom.

　　Tom **will be** in his bedroom.

3　もうすぐ電車が来ます

　　The train **comes** soon.

　　The train **will come** soon.

4　（おそらく）試合は1時間で終わります

　　The game **ends** in an hour.

　　The game **will end** in an hour.

＜　答え　＞

1　will go　　2　is　　　3　will come　　4　will end

「～する」「～します」が表す「現在」とは？

ここで、2ページの1番目の日本語文を、もう一度見てみましょう。

この地方では、冬のあいだに雪がたくさん**降ります**

この文は、「これから、雪がたくさん降る」という、未来の話をしている訳ではありませんよね。しかし、「今この時に、雪が降っている」という意味でもありません。この文は、毎年冬になると、「雪がたくさん降る」と言っているのです。

言い換えれば、冬の**通常の光景**であり、**いつも通りの様子**を述べています。これが、日本語の「〜する」や「〜します」が表す**「現在」**なのです。

重要なことは、言語の世界で言う「現在」とは、必ずしも「今、この時」の出来事を指すわけではない、という点です。そのため、今が冬でなくても、また、今、雪が降っていなくても、「冬のあいだに雪がたくさん**降ります**」と言えるのです。

英語でこの働きをする動詞の形は、「現在形」です。つまり、日本語の**「〜する」**や**「〜します」**という文を英訳する場合、動詞は「現在形」を取ることもあれば、will などの「未来の表現」（☞ p. 102）を取ることもあります。

そのため、文脈を考えた上で、**いつも通りの事**を述べている場合には、**「現在形」**を使って英訳します。一方、**未来の事**を述べている場合には、will など**「未来の表現」**を使います。

日本語の**「〜する」「〜します」**は、現在の事も、未来の事も表す。英訳する時には、この2つを見分ける必要がある。

　　現在の**「いつも通り」**の事 （＝英語では「現在形」）
　　この地方では、冬のあいだに雪がたくさん**降ります**
　＝ In this region, it **snows** a lot during winter.

　　未来の事 （＝英語では「未来の表現」）
　　たぶん今日は雪が**降ります**
　＝ Maybe it **will snow** today.

「現在形」の働き①： 「習慣」や「反復行為」を表す

次の2つの文の「行きます」を英語にするなら、「現在形」？それとも「未来の表現」？

> **今**週末、(もし可能なら) 私は映画に**行きます**
> **毎**週末、私は映画に**行きます**

「今週末」とは、今度来る週末の出来事なので、**未来の事**ですよね。当然、英語では「未来の表現」(☞ p. 102)を使います。

> I **will go** to the movies **this** weekend (if possible).

一方、「毎週末」とは、週末ごとに繰り返される出来事です。いわば、**いつも通りの事**です。このような、現在の**習慣**や**反復行為**を表す時に、英語の**「現在形」**を使います。

> I **go** to the movies **every** weekend.

日本語の「～する」「～します」と同じように、英語の「現在形」とは、必ずしも「今この時に起こっている事」を表すのではありません(☞ p. 13)。

6

「～する」「～します」と一緒に、次のような言葉が使われると、現在の**習慣**や**反復行為**を表す。和文英訳をする時には、動詞を「**現在形**」にするのが基本。

いつも（always）	通常（normally）
普段（usually）	しばしば（often）
時々（sometimes）	毎日（every day）
毎週（every week）	～ごと（every ～）
年3回（three times a year）	
月1回（once a month）	など

< 確認問題 >

次の日本語文は、「いつも通りの事」か、それとも「未来の事」かを判断して、英訳として正しいのはどちらか考えてみましょう。

1 アンナは車を運転しません

　Anna **does not drive** a car.

　Anna **will not drive** a car.

2 今日は（おそらく）あとでニュースを見ます

　Today, I **watch** the news later.

　Today, I **will watch** the news later.

3 私は電車で仕事に通います

　I **go** to work by train.

　I **will go** to work by train.

< 答え >

1 does not drive　　2 will watch　　3 go

「現在形」の働き②：　「一般的な事実」を表す

次の文が、不自然に聞こえるのは、なぜ？

（×）　水は明日0度で**凍ります**

過去・現在・未来という「時間」に関係なく、普通、水は0度でいつも凍りますよね。つまり、「水が0度で凍る」という現象は、時間を超越していると言えます。そのため、上の例文のように、「明日」や「昨日」など、時間を特定すると違和感が出るのです。

このような、時間に関係なく、いつも正しい**一般的な事実**（もしくは真理）も、英語では**現在形**を使って表します。

> Water **freezes** at 0℃.
> 　　　　　　　　（注： ℃は degrees Celsius と読む）

これまで見てきたように、**英語の「現在形」**は、「① 習慣・反復行為」「② 一般的な事実(真実)」を表すのに使われます。この2つの他に、あともう1つ、「③ 継続的な状態」も表しますが、これについては、15 ページで見ていきます。

「未来」を表す英語の「現在形」

英語でも「現在形」が未来の事を表す場合があります。しかし、その使い方は日本語に比べてかなり限定的です。(英語の「未来の表現」については、第9章と第10章を参照。)

英語では、変更の可能性のない**確定的な予定**を表す時に「現在形」が使われます。例えば、次のような文です。

> His train **leaves** at 10 o'clock tomorrow.
> *彼の列車は明日10時に**出発します***

列車の発車というのは、時刻表で決まっていて、「彼個人」の都合では、どうすることもできませんよね。つまり、時刻表に合わせて、列車はいつも通りに出発します。このような場合に限って、英語では未来の事を、「現在形」を使って表すことができます。

9

「現在形」という言葉は、「今の出来事を表す」という先入観や誤解を与えやすいので、注意が必要です。言語の世界における「現在形」とは、「いつも通りの事」を指す動詞の形です。

この章で見たことをまとめると、次のようになります。

---

1) 日本語の「〜する」や「〜します」という動詞の形は、**現在**だけではなく、**未来**も表す。

　　たぶん今日は雪が**降ります**
　　＝ Maybe it **will snow** today.

2)「〜する」や「〜します」が表す「現在」とは、今の出来事ではなく、**いつも通りの事**を指す。

　　この地方では、冬のあいだに雪がたくさん**降ります**
　　＝ In this region, it **snows** a lot during winter.

3) いつも通りの事とは、**習慣**や**反復行為**、**一般的な事実**(もしくは真理)を指す。

　　毎週末、私は映画に**行きます**　(＝習慣や反復行為)
　　＝ I **go** to the movies every weekend.

水は0度で**凍ります** （＝一般的な事実）
＝ Water **freezes** at 0℃.

4) **確定的な未来**の内容を表す場合、英語で**現在形**を使う
ことができる。（不確定な未来には will を使う（☞ p. 110）。）

彼の列車は明日10時に**出発します**
＝ His train **leaves** at 10 o'clock tomorrow.

＊練習問題＊

次の日本語文を読み、「現在（＝いつも通り）」の内容か、「未来」
の内容かを判断しなさい。また、未来の場合には、（取り決めが
済んでいるような）確実な未来か、（漠然としたアイデアのような）
不確定な未来かも判断しなさい。次に、それぞれの英訳の太字
部分が正しいか、間違っているか、判断しなさい。

1) もし彼がお金を返してくれたら、新しいジャケットを**買いま
す**
I **buy** a new jacket if he pays me back.

2) トムは結婚記念日にいつもバラを**買います**
Tom always **buys** roses on his wedding
anniversary.

3) この講座は6月に**始まります**
This course **starts** in June.

4) 普通、梅雨は6月に**始まります**
Usually, the rainy season **will start** in June.

5) たぶん、また君に**電話します**
Maybe I **call** you again.

6) アンナは週に1度母親に**電話します**
Anna **calls** her mother once a week.

7) 明日、太陽は7時12分に**昇ります**
The sun **rises** at 7:12 tomorrow.

8) 炭火に水をかけると、煙が**昇ります**
When you pour water on burning charcoal, smoke **rises**.

9) （おそらく）もうすぐ春が**来ます**
Spring **comes** soon.

10) 冬の後には春が**来ます**
Spring **will come** after winter.

＊答え＊

1) 不確定な未来　／　×　（buy → will buy）
2) 現在の習慣　　／　○
3) 確定的な未来　／　○
4) 一般的な事実　／　×　（will start → starts）
5) 不確定な未来　／　×　（call → will call）

6) 現在の習慣　　／　○
7) 確定的な未来　／　○
8) 一般的な事実　／　○
9) 不確定な未来　／　×　（comes → will come）
10) 一般的な事実　／　×　（will come → comes）

・・発展・・

<< 「〜する」「〜します」が、今の出来事を表す場合　>>

8ページで見た「ある」「いる」以外にも、「〜する」「〜します」という形が、「今、その瞬間に起こっている出来事」を表す場合があります。これは、**何かを表明する**時などです。このような場合、英語でも現在形が「今の出来事」を表します。

　我々は今、独立を**宣言します**
　= We now **declare** our independence.

> 現在形で、「今、起こっている事」を表せる動詞には、次のようなものがある。
> admit（認める）　　　　accept（受け入れる）
> appoint（任命する）　　name（名付ける）
> promise（約束する）　　order（命令する）
> request（要請する）　　thank（感謝する）　　　　など

また、動作や過程を、**順を追って解説する**時にも、現在形で「今、起こっている事」を表すことができます。特に、何かを実演して見せている時などに使われます。

First, you **turn on** the switch. Next, you **put** paper in the machine. Then you **press** the start button...
　まずスイッチを**入れます**。次に紙を機械に**入れます**。そして
　スタートボタンを**押します**...

13

第2章：「～している」「～しています」 の英訳パターン ①

「～している」の英訳1： 「be + ing 形」

次の2つの文では、意味にどんな違いがある？

たぶん 今日は雪が**降ります**
今日は雪が**降っています**

1番目の例文は、2ページで見たのと同じものです。この文では、雪が降り出すのはこれから、つまり、**未来**の話ですよね。一方、2番目の例文では、既に雪は降り出していて、今この時に**進行中**の出来事を述べています。このように、日本語の「～している」や「～しています」という動詞の形は、進行中を表します。

英語で同じ働きをするのが、**「be + ing 形」**です。(この時、be 動詞は現在形を取ります。)この動詞の形は、進行中の動作や出来事を表すので、**現在進行形**と呼ばれます。そのため、上の2つの例文を英語にすると、それぞれ次のようになります。

たぶん今日は雪が**降ります**
= Maybe it **will snow** today.

> 今日は雪が**降っています**
> ＝ It **is snowing** today.

…と、ここまでは恐らく問題ありませんよね。しかし、英語を学ぶ日本人にとって、1つ大きな落し穴がここにあります。と言うのも、日本語の「〜している」や「〜しています」には、現在進行の**他にも、たくさんの働きがある**からです。

大半の英語学習者は、「〜している＝（英語の）現在進行形」と自動的に考えています。その結果、間違った和文英訳をしてしまうのです。そこで、「〜している＝現在進行形」ではない場合について、見ていきましょう。

「〜している」の英訳2： 現在形の「状態動詞」

次の2つの日本語文では、どちらも「〜しています」という動詞の形が使われています。しかし、1番目の英訳の**「be + ing 形」**は正解ですが、2番目の英訳は間違いです。その理由は？

雪が**降っています**
（○）It **is snowing**.

私はトムを**知っています**
（×）I **am knowing** Tom.

15

動詞は、まず、「**状態を表す動詞**」と、「**動作を表す動詞**」の2つに大まかに分けることができます。日本語の場合、状態を表す動詞（＝状態動詞）は、もともと「〜している」や「〜しています」という形で表されます。（動詞の種類については、第6章を参照。）

試しに、上の2番目の日本語文を、「〜する」や「〜します」の形で表すと、どうなるでしょうか。

（×）私はトムを**知ります**

言いたいことは分かりますが、外国人がカタコトの日本語を話しているような、不自然で違和感のある文になりますよね。これは、「知る」が状態を表す動詞なのに、「〜している」や「〜しています」という形を取っていないからです。

つまり、例文の2番目の**「〜しています」**は、日本語の「知る」が、状態動詞だから使われているのです。決して**「進行中」**を表しているわけ**ではない**のです。進行中の出来事ではないので、英語では「be + ing 形」を使いません。（現在の内容の場合、英語の状態動詞は、「現在形」を使うのが基本です（例外☞ p. 72）。）

私はトムを**知っています**
（×）I **am knowing** Tom.
（○）I **know** Tom.

16

日本語の**状態動詞**には、次のようなものがある。（主に、心理・認識・感覚・所有などを表す言葉。）

愛している （love）　　　　嫌っている （hate）
恐れている （fear）　　　　望んでいる （hope）
知っている （know）　　　含んでいる （contain）
似ている （resemble）　　持っている （have）
着ている （wear）　　　　覚えている （remember）
尊敬している （respect）　所属している （belong to）
勤めている （work）　　　住んでいる （live）
　　　　　　　　　　　　　　　　　　　　　　　　　など

（注： 「勤める」「住む」「学ぶ」など、一定期間、その行為が継続することを前提にする動詞も含む）

「動作」と「状態」の違い

次の2つの文では、太字部分の意味にどんな違いがある？

　ここにいる全員の名前を今**覚える**のは不可能だ
　赤ん坊の頃のことを今でも**覚えている**とは信じがたい

「覚える」とは、新しい知識や情報を得ることですよね。知識のない状態から、ある状態への変化が起こります。この何らかの**動き**

17

や変化を表すのが**「動作」**です。これに対して「覚えている」とは、何か情報を得た後で、その情報を保有していることを言います。そこには、**何の動きや変化もなく**、継続中の現在の様子(もしくは事実)があるだけです。これが**「状態」**です。

< 確認問題 >

次の動詞は、「状態」か、それとも「動作(もしくは変化)」かを判断して、英訳として正しいのはどちらか考えてみましょう。(「状態」ならば、日本語の「〜している」を、「be + ing 形」で英訳すると間違いになります。)

1 私は未だにあの犬の名前を覚えている

   I still **remember** that dog's name.

   I **am** still **remembering** that dog's name.

2 トムは、ロンドンの景色を(絵の具で)描いている

   Tom **paints** the view of London.

   Tom **is painting** the view of London.

3 彼女は失敗を恐れている (→「恐れる」は心理を表す言葉)

   She **fears** failure.

   She **is fearing** failure.

4 私は彼を信じています

   I **believe** him.

   I **am believing** him.

5 アンナはカフェで友人とおしゃべりをしています

   Anna **chats** with her friends at a café.

   Anna **is chatting** with her friends at a café.

< 答え >

1 remember	2 is painting	3 fears
4 believe	5 is chatting	

英語の「現在形」が持つ３つの働き

第1章では、英語の「現在形」が現在の**習慣・反復行為**と、**一般的な事実**（もしくは真理）を表すことを見ましたよね。この他にももう1つ、上で見たように現在の**状態・性質**も、英語では「現在形」を使って表します。そのため、日本語との「ズレ」があります。

	英語	日本語
習慣・反復行為	現在形	〜する／〜します
一般的な事実		
状態・性質		**〜している／〜しています**

ただし、ここで1つ注意する点があります。日本語でも英語でも、動詞が**複数の意味**を持つことがよくあります。その場合には、意味によって、「動作」を表したり、「状態」を表したりします。次の例を見てみましょう。どちらの文でも、動詞は同じ「持つ」ですが、2番目の文では「〜している」の形にする必要があります。

（○）会社がその費用を**持ちます**
　　→「引き受ける」「負担する」という**動作**の意味

（×）私は大きな夢を**持ちます**
　　→「心の中に抱いている」という**状態**の意味なので、正しくは「私は大きな夢を**持っ<u>ています</u>**」になる

つまり動詞は、必ずしも「動作動詞」か「状態動詞」かのどちらか

1つに分類されるのではないということです。(これは、動詞の「動作用法」や「状態用法」とでも言うべきものです。)そのため、同じ動詞でも、**意味によって使い方が変わる**のです。

このことは英語でも同じです。例えば、英語の have にも複数の意味があり、「持っている」という状態の意味もあれば、「食べる」という動作の意味もあります。そのため、現在の**状態**を表すのであれば、have を**「現在形」**で使います。しかし、現在の**動作**(=進行中)を表すのであれば、同じ have を**「be + ing 形」**で使います。

(○) Tom **has** a cottage by the lake.
　　*トムは湖のそばに別荘を**持っています*** (状態の have)

(○) We **are having** dinner.
　　*私たちは、夜ごはんを**食べています*** (動作の have)

日本語で「別荘を持っ**ている**」と言った時の「～している」は、「状態」を表すためのものです。進行中を表すものではないので、「be + ing 形」を使って英訳すると、当然、間違いになります。

(×) Tom **is having** a cottage by the lake.

< 確認問題 >
次の動詞は、「状態」か、それとも進行中の「動作」かを判断して、英訳として正しいのはどちらか考えてみましょう。(「状態」ならば、「～してい

る」を「be + ing 形」にしません。）

1　この部屋は良い香りがしている

This room **smells** good.

This room **is smelling** good.

2　アンナはバラの匂いを嗅いでいる

Anna **smells** the roses.

Anna **is smelling** the roses.

3　トムは車を2台持っている

Tom **has** two cars.

Tom **is having** two cars.

4　組合は、いま会議室で経営者側と激しい折衝を持っている

The union **has** a heated negotiation with the management in the meeting room now.

The union **is having** a heated negotiation with the management in the meeting room now.

5　子供たちは、いま部屋でテレビを見ている

The children **watch** TV in their room now.

The children **are watching** TV in their room now.

6　遠くに海が見えている

I (can) **see** the ocean in the distance.

I **am seeing** the ocean in the distance.

＜　答え　＞

1　smells　　　　2　is smelling　　　3　has

4　is having　　　5　are watching　　6　see

「〜している」の英訳3： 「be ＋ 形容詞」

次の英文を日本語に訳すとしたら、どっちを選ぶ？

He is very angry now.
　　今、彼はとても**怒る**
　　今、彼はとても**怒っている**

形容詞の働きの1つは、名詞が「どんな状態にあるか」を説明することです。ただし、**英語**では「**形容詞**」でも、それに**対応する日本語**が「**動詞**」である場合が多くあります。

上のangryも、その1つです。英語のangryは形容詞ですが、対応する日本語は「怒る」という動詞なのです。16 ページで見たように、日本語で「状態」を表すためには、「〜している」や「〜しています」の形にする必要があります。そのため、angry の日本語訳は、「怒っ**ている**」が適切です。（日本語なら、理屈抜きに、どちらが正しいか分かりますよね。）

このことは、逆に言えば、日本語では「〜している」「〜しています」と言っても、英語では現在進行形どころか、「**動詞**」ですら**ない**場合もあるのです。和文英訳で重要なのは、この点です。

日本語訳が、「〜している」「〜しています」になる**英語の形容詞**には、次のようなものがある。（p.p.形は、pp. 146, 148 参照。）

22

開いている（open）	死んでいる（dead）
澄んでいる（clear）	怒っている（angry）
似ている（similar）	とがっている（sharp）
優れている（excellent）	喉が渇いている（thirsty）
馬鹿げている（silly）	ありふれている（common）
驚いている（surprised）	興奮している（excited）
お腹が空いている（hungry）	など

また、「**be** ＋ 形容詞」で**状態**を表しますが、「**get** ＋ 形容詞」で
動作を表します。

<動作> <状態>
He **gets** angry easily. ⇔ He **is** angry.
彼は簡単に怒る *彼は怒っている*

まとめ

英語を学ぶ多くの日本人は、「〜している＝現在進行形」と思い
込んでしまっています。しかし、これまで見てきたように、日本語
の「〜している」や「〜しています」という動詞の形には、たくさん
の働きがあります。このことを理解していないと、正しい英語を書
いたり話したりはできません。

この章で見たことをまとめると、次のようになります。

「～している」「～しています」の英訳パターン ①

1) 「**現在進行形**」
   今日は雪が**降っています**
   ＝ It **is snowing** today.

2) 「状態」を表す動詞の「**現在形**」
   私はトムを**知っています**
   ＝ I **know** Tom.

3) 「**be ＋ 形容詞**」
   今、彼はとても**怒っている**
   ＝ He **is** very **angry** now.

＊練習問題＊

各文の「～している」の働きを、現在進行／状態動詞／英語の形容詞のうち、どれかを特定しなさい。次に、それぞれの英訳の下線部分の単語を、正しい形に変えなさい。

1) その少年は父親に、とてもよく**似ている**
   The boy ＿(resemble)＿ his father very much.

2) 警官が泥棒を**追いかけている**
   A policeman ＿(chase)＿ the thief.

3) この鉛筆の先は**とがっています**
   The tip of this pencil ＿(sharp)＿.

24

4) 子供たちがケーキを**食べています**
   The children ＿(eat)＿ cake.

5) この湖の水は**澄んでいる**
   The water in this lake ＿(clear)＿.

6) トムはロンドンに**住んでいます**
   Tom ＿(live)＿ in London.

＊答え＊

1) 状態動詞　　　／　resembles
2) 現在進行　　　／　is chasing
3) 英語の形容詞　／　is sharp
4) 現在進行　　　／　are eating
5) 英語の形容詞　／　is clear
6) 状態動詞　　　／　lives

・・発展・・

<< 「動作」と「状態」で異なる動詞 >>

日本語では1つの動詞で動作と状態を表しても、英語では2つの異なる動詞になることがあります。17ページで見た「覚える」と「覚えている」も、その1つです。

＜動作＞		＜状態＞
覚える（memorize）	⇔	覚えている（remember）
（服を）着る（put on）	⇔	着ている（wear）
知る（learn）	⇔	知っている（know）
見る（look at）	⇔	見え（てい）る（see）
聞く（listen to）	⇔	聞こえ（てい）る（hear）

など

25

第3章：「〜している」「〜しています」 の英訳パターン ②

「〜している」の英訳4： 「have + p.p.形」

次の日本語文で、ケガの原因となる事故は、いつの出来事？今？それとも過去？

彼は腕を**ケガしている**（ので試合に出られません）

上の文は、「**過去の事故**で腕に傷を受け、その時のケガがまだ治っておらず、**今でも**体に不自由がある」という意味ですよね。この文の「〜している」を、「今この時に事故が発生していて、今まさに腕に傷がついている最中だ」という、「進行中」の意味に解釈する日本人はいません。

過去に何かが起こり、その結果、現在の状況に至るのは、現在完了の働きの1つです。（現在完了については、第7章と第8章で詳しく見ていきます。）英語の現在完了は、**「have + p.p.形」**で表すので、上の例文は次のように英訳します。

彼は腕を**ケガしている**
（○）He **has injured** his arm.
（×）He **is injuring** his arm.

<< 現在完了の4つの働き >>

現在完了の働きには、**完了・経験・結果・継続**の4つがあります。このうち、完了を表す just が使われた場合を除いて、日本語では基本的に全て、「〜している」や「〜しています」という形で表すことが出来ます。(もちろん、他の日本語訳を当てることも可能です。)

完了: We **have** already **finished** the assignment.
　　　　*私たちは既に課題を**終えています***

経験: I **have met** him three times before.
　　　　*私は以前、彼に3回**会っています***

結果: He **has injured** his arm.
　　　　*彼は腕を**ケガしています***

継続: She **has studied** child psychology for 10 years.
　　　　*彼女は10年間、児童心理を**研究しています***

< 確認問題 >

次の「〜している」は、「現在進行」か、それとも「現在完了」かを判断して、英訳として正しいのはどちらか考えてみましょう。(実際にその出来事が起こったのが「過去」であれば、「have + p.p.形」を使います。)

1 子供たちは部屋で本を読んでいます

The children **are reading** a book in their room.

The children **have read** a book in their room.

2 トムは以前にその本を読んでいます

Tom **is reading** the book before.

Tom **has read** the book before.

3 この会社はこれまでに、たくさんの人を雇っています

This company **is employing** many people so far.

This company **has employed** many people so far.

27

4 この会社は今、たくさんの人を雇っています

This company **is employing** many people now.

This company **has employed** many people now.

5 アンナはレジで勘定を支払っています

Anna **is paying** the check at the cashier.

Anna **has paid** the check at the cashier.

6 彼は前の借金を既に支払っています

He **is** already **paying** his previous debt.

He **has** already **paid** his previous debt.

7 私はパリを二度訪れています

I **am visiting** Paris twice.

I **have visited** Paris twice.

8 今日トムはパリを訪れています

Tom **is visiting** Paris today.

Tom **has visited** Paris today.

9 飛行機が空港に到着しています

The airplane **is arriving** at the airport.

The airplane **has arrived** at the airport.

10 招待客が次々に到着しています

The guests **are arriving** one after another.

The guests **have arrived** one after another.

＜ 答え ＞

1 are reading	2 has read	3 has employed
4 is employing	5 is paying	6 has / paid
7 have visited	8 is visiting	9 has arrived
10 are arriving		

次の2つの日本語文では、どちらも「**旅行しています**」と言っています。しかし、1番目の英訳の **is traveling** は正解ですが、2番目の **is traveling** は間違いです。その理由は？

今、彼はヨーロッパを**旅行しています**

（〇）He **is traveling** in Europe now.

彼は3年前にヨーロッパを**旅行しています**

（×）He **is traveling** in Europe three years ago.

1番目の日本語文では、「今、旅行している」と言っているので、旅行中、つまり現在進行です。一方、2番目の日本語文では、「3年前に」と言っているので、明らかに**過去**の話です。

そのため、次のように書き換えても、同じ意味になります。

彼は3年前にヨーロッパを**旅行しています**
＝ 彼は3年前にヨーロッパを**旅行しました**

それでは、どうして**過去**の出来事なのに、「**〜している**」という形を取っていても、日本語文が間違っているようには聞こえないのでしょうか。

実はこの「～しています」には、日本語に微妙なニュアンスを加える働きがあります。これは、ただ単に「旅行したか、しなかったか」という**事実関係**だけを伝えるのではなく、「ヨーロッパ旅行の経験（もしくは記録）を持つ人物だ」という、彼の**経歴を紹介**したい時に使います。

つまり、この「～しています」は、あくまでも日本語における「ニュアンスの問題」なので、和文英訳をする時には考慮に入れません。**「３年前」**という明らかに**過去**の話をしているので、英語では動詞を**過去形**にします。

彼は3年前にヨーロッパを**旅行しています**
（○）He **traveled** in Europe three years ago.
（×）He **is traveling** in Europe three years ago.

この他にも、「～している」や「～しています」には、**現在の習慣**（または、一定期間の継続状態）を表す働きがあります。次の例を見てみましょう。

私の父は毎日ニュースを**見ています**
私は大学で英文学を**学んでいます**

1番目の例文の「見ています」も、「今、この時に見ている」という現在進行ではありませんよね。この文は、「毎日ニュースを**見ます**」と言い換えることも出来ます。しかし、「～しています」という形を使うことで、単に「見るか、見ないか」という事実関係を伝え

るだけでなく、その**行為が習慣化**している（もしくは反復行為である）、というニュアンスを強くすることが出来るのです。

一方、2番目の例文の「学ぶ」や、その他にも、「勤める」「（学校に）通う」「住む」などの動詞は、その行為が**一定期間、継続することが前提**になる言葉です。つまり、初めから「習慣」の意味を含んでいて、「状態動詞」（☞ p. 17）に近い働きをします。そのため、日本語では「～している」という形を取るのです（☞ p. 16）。

このように**日本語では**、現在の習慣（および「一定期間の継続状態」）を表す場合にも、**「～している」**という形を使います。しかし**英語では**、現在の習慣（および「一定期間の継続状態」）は**「現在形」**で表すので（☞ p. 6）、英訳をする時には注意が必要です。（この「～している」は、決して、「現在進行」を表しているのではありません。）

My father **watches** the news every day.
I **study** English literature at university.

< 確認問題 >

次の「～している」は、「現在進行」か、「経歴（もしくは記録）」か、それとも「現在の習慣」かを判断して、正しい英訳はどれか考えてみましょう。
（「経歴」ならば英語では**過去形**、「習慣」ならば**現在形**を使います。）

1　私は普段寝る前に歯を磨いています

I **am** usually **brushing** my teeth before going to bed.

I usually **brush** my teeth before going to bed.

I usually **brushed** my teeth before going to bed.

2 このチームは去年優勝しています

    This team **is winning** the championship last year.

    This team **wins** the championship last year.

    This team **won** the championship last year.

3 アンナはビーチで日光浴しています

    Anna **is sunbathing** on a beach.

    Anna **sunbathes** on a beach.

    Anna **sunbathed** on a beach.

4 トムは車で通勤しています

    Tom **is going** to work by car.

    Tom **goes** to work by car.

    Tom **went** to work by car.

5 映画は7時に始まっています

    The movie **is starting** at 7 o'clock.

    The movie **starts** at 7 o'clock.

    The movie **started** at 7 o'clock.

6 トムは友人とゴルフをしています

    Tom **is playing** golf with his friends.

    Tom **plays** golf with his friends.

    Tom **played** golf with his friends.

7 トムとアンナは1週間前に新しい車を購入しています

    Tom and Anna **are buying** a new car a week ago.

    Tom and Anna **buy** a new car a week ago.

    Tom and Anna **bought** a new car a week ago.

＜ 答え ＞

1 brush	2 won	3 is sunbathing
4 goes	5 started	6 is playing	7 bought

前章に続き、日本語の「〜している」が現在進行を表さない場合を見ました。今回の「現在完了」の場合も、「経歴・習慣」の場合も、見分ける時に手掛かりとなるのは、「既に」や「毎日」「去年」などの言葉です。(現在完了と一緒に使われる言葉については、第7章で見ていきます。)

この章で見たことをまとめると、次のようになります。

「〜している」「〜しています」の英訳パターン ②

4) 「**have + p.p.形**」
   彼は腕を**ケガしている**
   = He **has injured** his arm.

5) 「**過去形**」「**現在形**」 (=経歴・習慣を表す場合)
   彼は3年前にヨーロッパを**旅行している**
   = He **traveled** in Europe three years ago.

   私の父は毎日、ニュースを**見ています**
   = My father **watches** the news every day.

＊練習問題＊

各文の「〜している」の働きを、現在進行／状態動詞／英語の形容詞／現在完了／経歴・習慣のうち、どれかを特定しなさい。

次に、それぞれの英訳の下線部分の単語を、正しい形に変えなさい。

1) 生徒たちはその先生をとても**慕っています**
   The students ＿(adore)＿ the teacher very much.

2) 彼は5年前に大学を**卒業している**
   He ＿(graduate)＿ from university five years ago.

3) トムは会議の資料を**準備しています**
   Tom ＿(prepare)＿ materials for the meeting.

4) このレストランの料理は**優れている**
   The food at this restaurant ＿(excellent)＿.

5) パーティーは(もう)**終わっています**
   The party ＿(end)＿.

6) アンナは電話で**話している**
   Anna ＿(talk)＿ on the phone.

7) トムは毎月ゴルフに**行っています**
   Tom ＿(go)＿ golfing every month.

8) 若い人々の間では、この考え方は**ありふれている**
   This way of thinking ＿(common)＿ among young people.

9) 赤信号で車が**停まっています**
   The car ＿(stop)＿ at the red light.

10) トムはアンナを**愛しています**

Tom ___(love)___ Anna.

11) 彼は車の中で音楽を**聴いています**

He ___(listen)___ to music in the car.

12) 子供たちは宿題を(既に)**終えています**

The children ___(finish)___ their homework.

13) アンナは子供たちのためによくケーキを**焼いています**

Anna often ___(bake)___ a cake for her children.

＊答え＊

1) 状態動詞 ／ adore
2) 経歴 ／ graduated
3) 現在進行 ／ is preparing
4) 英語の形容詞 ／ is excellent
5) 現在完了 ／ has (already) ended （☞ 第7章）
6) 現在進行 ／ is talking
7) 習慣 ／ goes
8) 英語の形容詞 ／ is common
9) 現在完了 ／ has stopped （☞ 第8章）
10) 状態動詞 ／ loves
11) 現在進行 ／ is listening
12) 現在完了 ／ have (already) finished （☞ 第7章）
13) 習慣 ／ bakes

第４章： 「ところだ」「ところです」の 英訳パターン

動作の工程を「３段階」に分割

次の３つの文では、それぞれどんな様子を描写している？

　　子供たちはアイスクリームを**食べる**ところだ
　　子供たちはアイスクリームを**食べている**ところだ
　　子供たちはアイスクリームを**食べた**ところだ

上の３つの例文が表している状況を具体的に描写すると、例えば、次のようになります。

アイスクリームの容器とスプーンを手に取る
（＝ **食べる**ところ）

＜動作開始＞

アイスクリームをスプーンですくい、口に入れる
（＝ 食べ**ている**ところ）

＜動作終了＞

アイスクリームの容器が空(から)になり、スプーンを置く
（＝ 食べ**た**ところ）

このように、「食べる」という1つの動作は、初めから終わりまで、一連の流れ、もしくは工程を経て、完結します。逆に言えば、1つの動作を、大まかに**3つの工程に分割**して、そのうちの**どの段階か**まで細かく指定することができるのです。

例文の1番目は、「今から食べようとしている」ということなので、動作の**開始前**の段階を描写していますよね。2番目は、食べている最中、つまり、動作の**進行中**の段階です。そして3番目は、「今ちょうど食べ終わった」ということなので、動作の**完了後**を表しています。

このように、1つの動作を3つの段階に分割する働きをするのが、日本語の**「ところだ」**という言葉です。

同じことは、英語でも言えます。ただし、その表現方法は日本語ほど単純ではありません。

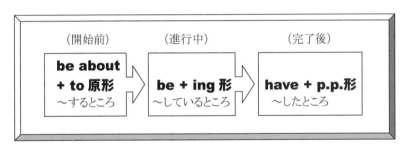

日本の英語教育では、「現在進行形」と「現在完了形」は、直接関係のない独立した文法事項として教えられています。しかし実際には、動作を「段階に分割」した時点で、「現在進行形」も「現在完了形」も、同時発生しています。ただ、3つの段階のうちの1つにだけ着目するので、残りの2つが認識されないのです。

先の3つの日本語文を英語にすると、次のようになります。

子供たちはアイスクリームを食べるところだ
The children **are about to eat** some ice cream.

子供たちはアイスクリームを食べているところだ
The children **are eating** some ice cream.

子供たちはアイスクリームを(ちょうど)食べたところだ
The children **have** (just) **eaten** some ice cream.
(→ 現在完了については第7章で詳しく見ていきます)

「ところ」を使わない表現

日本語の「ところ」は、**省略**される場合があります。例えば、次の各組の文では、意味に違いはありません。

映画が始まる**ところ**だよ
= 映画が始まるよ

彼は映画を見ている**ところ**だよ
= 彼は映画を見ているよ

> 映画がちょうど終わった**ところ**だよ
> ＝ 映画がちょうど終わったよ

特に、「～し**た**ところだ」の場合には、「ところだ」を省略すると、**過去**を表す「～した」と見た目が同じになってしまいますよね。

そのため、「～した」の英訳が、**「過去形」**なのか**「現在完了形」**なのかは、和文英訳で日本人が間違えやすい点の1つです。（この違いについては、53ページで見ていきます。）

この他にも、**「ところ」を使わない表現**がいくつかあります。しかし、動作の工程のうち、「開始前」なのか、「進行中」なのか、「完了後」なのかを考えれば、英訳する時に迷うことはありません。

完了後の段階（＝「have + p.p.形」）を表す日本語の表現には、次のようなものがある。（完了の用法。☞ p. 78）

～したばかり
　　　最近、彼は車を買ったばかりだ
　　　Recently, he **has bought** a new car.

～してしまった
　　　財布を落としちゃった
　　　I **have lost** my wallet.

39

～し終えた

トムは報告書を（ちょうど）読み終えた

Tom **has** (just) **read** the report.

～してある

レストランに予約をしてある

I **have made** a reservation at a restaurant.

～しておいた

あなたのセーターを洗っておきました

I **have washed** your sweater.

～した （＝「ところだ」の省略）

何かが起こった

Something **has happened**.

など

開始前の段階（＝「be about ＋ to 原形」）を表す日本語の表現には、次のようなものがある。

～しそうだ

その木は倒れそうだ

The tree **is about to fall**.

～しようとしている

アンナは出かけようとしている

Anna **is about to leave** home.

～する （＝「ところだ」の省略）

試合が始まります

The game **is about to begin**.

など

< 確認問題 >

次の動詞は、「開始前」「進行中」「完了後」のどの段階を表しているか
を判断して、正しい英訳はどちらか考えてみましょう。

1 夏が始まります

The summer **has started**.

The summer **is about to start**.

2 子供たちは目を覚ましたばかりです

The children **have** just **woken** up.

The children **are** just **waking** up.

3 新しいプロジェクトが動きだすところだ

The new project **is moving** forward.

The new project **is about to move** forward.

4 赤ん坊がベッドで眠っています

The baby **is about to sleep** on the bed.

The baby **is sleeping** on the bed.

5 飛行機のチケットを買ってあります

I **am buying** the airplane ticket.

I **have bought** the airplane ticket.

6 夏が終わろうとしています

The summer **is about to end**.

The summer **has ended**.

< 答え >

1 is about to start	2 have / woken
3 is about to move	4 is sleeping
5 have bought	6 is about to end

「段階」と「時間」の組み合わせ

次の2つの文は、いつの話？

　　子供たちはアイスクリームを食べるところだ
　　子供たちはアイスクリームを食べるところだった

1番目の例文は現在の話で、2番目は過去の話です。つまり、「現在か、過去か」という「時間」を決めるのは、「ところだ」や「ところだった」の部分ですよね。一方、「食べる」の部分は、「開始前」という「段階」を表しています。このように、動詞は**「段階」と「時間」を組み合わせる**ことができます。

＜段階＞		＜時間＞
(開始前) 食べる		
(進行中) 食べている	＋	ところだった
(完了後) 食べた		
		(過去)
(開始前) 食べる		
(進行中) 食べている	＋	ところだ
(完了後) 食べた		
		(現在)
(開始前) 食べる		
(進行中) 食べている	＋	ところでしょう
(完了後) 食べた		
		(未来)

言い換えれば、**過去・現在・未来**の出来事は、その中でもさらに細かく、**3つの「段階」**に分けることが出来るのです。英語でも同じことが言えます。英語の場合には、**be** や **have** の時制を変えることで、過去・現在・未来という「時間」を設定します。

> 子供たちはアイスクリームを食べるところ**だ**
>
> = The children **are** about to eat some ice cream.

> 子供たちはアイスクリームを食べるところ**だった**
>
> = The children **were** about to eat some ice cream.

日本語でも英語でも、動詞の形は、次の2つの要素を組み合わせて構成される。

「時間」 = 過去・現在・未来の区別
「段階」 = 動作の前・最中・後の区別

「be + ing 形」と「時間」の組み合わせ

進行中の段階を表す**「be + ing 形」**は、be の時制を変える

43

ことで、過去・現在・未来の「時間」を設定できます。(「be + ing
形」が持つ「進行中」以外の働きについては、第6章で見ていき
ます。)

アンナが帰宅すると、トムはお茶を入れ**ているところ**
だった

= When Anna came home, Tom **was** making
tea.

アンナはピアノを練習し**ているところです**

= Anna **is** practicing the piano.

明日のこの時間には、私たちは国境にかかる橋を
渡っ**ているところでしょう**

= At this time tomorrow, we **will be**
crossing the bridge on the border.

「have (just) + p.p.形」と「時間」の組み合わせ

完了後の段階を表す**「have + p.p.形」**は、have の時制を
変えることで、過去・現在・未来という「時間」を設定します。

アンナが帰宅すると、トムはお茶を入れ**た**ところ**だった**

= When Anna came home, Tom **had** (just) made tea.

アンナはピアノを練習し**た**ところ**です**

= Anna **has** (just) practiced the piano.

明日のこの時間には、私たちは国境にかかる橋を渡っ**た**ところ**でしょう**

= At this time tomorrow, we **will have** (just) crossed the bridge on the border.

「be about + to 原形」と「時間」の組み合わせ

開始前の段階を表す**「be about + to 原形」**は、be の時制を変えることで、過去・現在・未来の「時間」を設定できます。

アンナが帰宅すると、トムはお茶を入れ**る**ところ**だった**

= When Anna came home, Tom **was** about to make tea.

アンナはピアノを<u>練習する</u>ところ**です**

　= Anna **is** about to practice the piano.

明日のこの時間には、私たちは国境にかかる橋を
<u>渡る</u>ところ**でしょう**

　= At this time tomorrow, we **will be** about
　 to cross the bridge on the border.

まとめ

英語でも日本語でも、過去・現在・未来という「時間」と、動作の
前・最中・後という「段階」を組み合わせて、動詞の形は成り立っ
ています。(ただし、全ての動詞が3つの段階を持っているわけ
ではありません。これについては、第6章で見ていきます。)

この章で見たことをまとめると、次のようになります。

1) 動作の工程を、3つの「段階」に分けることができる。

（開始前）　　　　　　（進行中）　　　　　　（完了後）

**be about
+ to 原形**
〜するところ
→
be + ing 形
〜しているところ
→
have + p.p.形
〜したところ

2) 日本語では、「ところだ」や「ところです」を省略したり、別の
表現も使われる。特に、「〜したところだ」の「ところだ」を省
略すると、過去を表す「〜した」と見た目が同じになるので
注意が必要(☞ p. 78)。

3)「be about + to 原形」「be + ing 形」「have + p.p.形」
の **be** や **have** の時制を変えることで、過去・現在・未来と
いう「時間」を設定できる。

　　子供たちはアイスクリームを食べるところ**だった**

　= The children **were** about to eat some ice
　　cream.

　　明日のこの時間には、子供たちはアイスクリームを
　　食べているところ**でしょう**

　= At this time tomorrow, the children **will be**
　　eating some ice cream.

＊練習問題＊

次の日本語文に合わせて、英訳の下線部分の単語を、正しい
形に変えなさい。(ただし、この練習問題では、**過去形**は「be
about + to 原形」の **was/were** 以外、使わないものとする。)

1) 子供たちはテレビを見ているので、アンナは部屋で
　　くつろいでいます

Anna ＿(relax)＿ in her room because the children ＿(watch)＿ TV.

2) トムは祖父をとても尊敬しています

Tom ＿(respect)＿ his grandfather very much.

3) 電車を降りる時、私は転びそうになりました

When I got off the train, I ＿(fall)＿ down.

4) 自分たちのチームが勝ったので、みんな喜んでいます

We are all happy because our team ＿(win)＿.

5) トムが掃除しておいたので、この部屋は良い香りがします

This room ＿(smell)＿ good because Tom ＿(clean)＿ it.

6) 子供たちはケーキを食べたばかりなので、お腹が空いていません

The children are not hungry because they ＿(eat)＿ the cake.

7) 電話が鳴った時、トムはエンジンをかけようとしていた

Tom ＿(start)＿ the engine, when the phone rang.

8) 夏休みが終わってしまったので、みんな残念に感じている

Everybody ＿(feel)＿ sad because the summer vacation ＿(end)＿.

9) トムは法律事務所で働いています

Tom ＿(work)＿ at a law office.

＊答え＊

1) is relaxing / are watching
2) respects （＝状態動詞(☞ p. 15)）
3) was about to fall
4) has won
5) smells （＝状態動詞）/ has cleaned
6) have (just) eaten
7) was about to start
8) feels （＝状態動詞）/ has ended
9) works （＝一定期間の継続を前提とする動詞(☞ p. 31)）

・・発展・・

<< go は特別な動詞 >>

go（＝行く）は、英語でも日本語でも例外的な使われ方をする動詞です。次の日本語文を見てみましょう。

　　　私たちは今スーパーへ**行く**ところです

「〜するところだ」という動詞の形が使われていますが、まだ家にいても、スーパーへ行く道の途中でも、この表現を使えます。つまり、開始前と進行中の両方の解釈ができます。英語の場合も、「be going」で同じ2つの解釈ができます。

We **are going** to the supermarket now.

また、英語の「have gone」は、完了の段階を表す「行ったところだ」や「行ってしまった」の意味で使われます。経験（☞ p. 82）の意味では、「have been」を使わなくてはなりません。このように、go は特別な使い方をする動詞なのです。

Tom **has gone** to Paris.
トムはパリに行ってしまった

Tom **has <u>been</u>** to Paris.
トムはパリに<u>行った</u>ことがある

第5章： 「〜した」「〜しました」の英訳パターン

「〜した」の英訳1： 「過去形」

日本語の「〜した」や「〜しました」という動詞の形は、多くの場合、過去の出来事を表します。英語では**過去形**を使います。

子供の頃、私はよく図書館へ**行きました**
= I often **went** to the library when I was a child.

突然、ドアが**閉まった**
= Suddenly, the door **closed**.

トムは多くの時間をこのプロジェクトに**費やした**
= Tom **spent** a lot of time on this project.

上の例文から分かるように、日本語でも英語でも、過去形は**反復行為**（＝1番目の例文）だけでなく、過去の**1回の出来事**も表します。その場合、一瞬の出来事（＝2番目の例文）も、長期間に渡る動作（＝3番目の例文）も表すことが出来ます。

また、英語の過去形は、過去の**状態**を表すことも出来ます。ただし、日本語で状態を表すには、「〜した」や「〜しました」ではなく、「〜し**ていた**」や「〜し**ていました**」という形を使います。

> トムは大学時代、寮に**住んでいた**
> ＝ Tom **lived** in a dormitory in his college days.

つまり、現在形(☞ p. 19)の場合と同じように、「状態」を表す時に、英語と日本語で**動詞の形に「ズレ」**があるのです。

	英語	日本語
習慣・反復行為	過去形	〜した／〜しました
1回の出来事		
状態・性質		**〜していた／〜していました**

単純形とは？

前章では、日本語でも英語でも、過去・現在・未来という「時間」は、さらに、開始前・進行中・完了後という「段階」に分割することが出来ることを見ましたよね。

これは、「必ず段階に分割しなければならない」ということではありません。必要がなければ、「段階」を組み合わせず、単に「時間」だけを表すことが出来ます。この**「段階」に分割しない**動詞の形を、**単純形**と言います。

「過去を表す単純形」を略して**過去形**、「現在を表す単純形」を略して**現在形**と言います。（未来の場合は、「未来の表現」と呼ぶことにします(☞ 第9章・第10章)。）

単純形は、「するか、しないか」「したか、しなかったか」という**事実関係**だけを表します。言い換えれば、1つの動作をわざわざ「3つの段階」に分割して、その一部分だけに注目する必要がない時に使います。(つまり、「いつ始まって、いつ終わるのか」という動作の「開始点」や「完了点」を設定する必要がない場合に、単純形を使います(☞ p. 72)。)

「〜した」の英訳２： 「現在完了形」(完了の用法)

38 ページで見たように、「完了後」の段階を表す「〜したところだ」という形は、「ところだ」が省略されて、ただ単に「〜した」になる場合があります。これは、「ちょうど(＝just)」という言葉が一緒に使われた時に多く見られます。

映画がちょうど**終わった**

＝ The movie **has** just **ended**.

つまり、日本語の「〜した」や「〜しました」に対応する英語の動詞の形は、**過去形**だけでなく**現在完了形**の場合もあります。

「ちょうど」以外の言葉、例えば「もう(＝already)」などが使われると、「〜している」という形でも、同じ意味を表します(☞ p. 27)。

映画はもう**終わった** (＝映画はもう**終わっている**)

＝ The movie **has** already **ended**.

次の2つの英文は、日本語に訳すと同じになってしまいます。しかし、意味には大きな違いがあります。その違いとは何？

Spring **has come** earlier than usual this year.
Spring   **came**   earlier than usual this year.
*今年は、春がいつもより早く**来た***

26 ページでも見たように、**現在完了**とは、あくまでも**現在の状況**を表す表現です。上の例文であれば、come という動詞を3つの「段階」に分割し、「今、完了後の段階にある」ことを表します。そのため、**「今は春」**なのです。

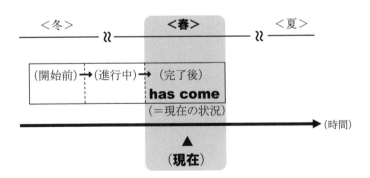

この「春が来た」は、本来、**完了後の段階**を表す「～した**ところだ**」という形です。もしも「ところだ」を省略せずに、「春が来たと

ころだ」と言えば、今が春であることは明らかですよね。

一方、**過去形**と言った場合、一般的に「過去＝昔」と考えがちです。しかし、より正確には、過去とは**「今を含まない時間」**を指します。（もちろん、未来も含みません。）

つまり、過去形が表す内容は、今の状況とは関係がないのです。言い換えれば、今ではない時に「春が来た」のです。そのため、2番目の英文では、**「今は春ではない」**ということになります。

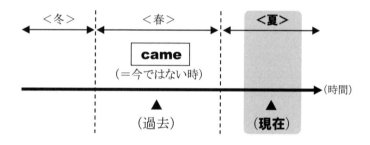

このように、現在完了形と過去形の違いは、**「今」を含むか、含まないか**、にあります。

次の日本語文を英語にする場合、現在完了形を使った場合と、過去形を使った場合で、文脈にどんな違いがある？

　　トムは新しい車を買うことに**決めた**

　　Tom **has decided** to buy a new car.

　　Tom 　**decided**　 to buy a new car.

もし**現在完了形**を使えば、現在の状況を表すことになります。つまり、「決めた」というトムの決心は、**今も有効**ということですよね。そのため、これから車を買う（＝まだ車を買っていない）のであれば、1番目の英文のように訳します。

これに対して、**過去形**は現在の状況とは関係がありません。つまり、トムの決心は**今では無効**という可能性もあります。そのため、既に車を買った（もしくは、買うのをやめた）ことが明白な場合には、2番目の英文のように訳します。

< 確認問題 >
次の日本語文の「〜した」は、「過去」か「現在完了」かを判断して、正しい英訳を考えてみましょう。文法的にどちらも可能な場合には、（　）内の内容を考慮に入れて、より文脈に則した方を選びましょう。
1　子供が石につまずいた（それで、うずくまって泣いている）
　　The child **stumbled** on a stone.
　　The child **has stumbled** on a stone.
2　子供が石につまずいた（しかし、立ち上がってどこかへ行った）
　　The child **stumbled** on a stone.
　　The child **has stumbled** on a stone.
3　財布をなくしました（それで新しいのを買いました）
　　I **lost** my wallet.
　　I **have lost** my wallet.
4　財布をなくしました（それで探しているところです）
　　I **lost** my wallet.
　　I **have lost** my wallet.
5　トムに会った？（このパーティーに来ていると思うんだけど）
　　Did you **see** Tom?
　　Have you **seen** Tom?
6　トムに会った？（パーティーの時、僕は病気で家にいたけど）
　　Did you **see** Tom?
　　Have you **seen** Tom?

7　アンナはたくさんのクッキーを焼いた　（皆にあげて残ってない）
　　Anna **baked** a lot of cookies.
　　Anna **has baked** a lot of cookies.
8　アンナはたくさんのクッキーを焼いた　（だから皆の分がある）
　　Anna **baked** a lot of cookies.
　　Anna **has baked** a lot of cookies.
9　（今日は忙しいけど）お昼ごはん、食べた？
　　Did you **eat** lunch?
　　Have you **eaten** lunch?
10　（昨日は忙しかったけど）お昼ごはん、食べた？
　　Did you **eat** lunch?
　　Have you **eaten** lunch?

＜　答え　＞

1　has stumbled	2　stumbled
3　lost	4　have lost
5　Have / seen	6　Did / see
7　baked	8　has baked
9　Have / eaten	10　Did / eat

「〜した」の英訳３：　　「現在形」

次の文では、もうバスは到着して、目の前で停車している？

　　あっ！　バスが**来た**（よ）

普通、上の文は、バス停でバスを待っている人が、遠くにバスの
姿を見つけた時などに使います。目の前でバスが停まったのを

確認してから、「あ！バスが来た」と言う人はいませんよね。それならば、（バスはまだ来ていないのに）どうして「来た」という過去形を使うのでしょうか？

これは日本語特有の表現で、何かを**発見**した時に、「〜した」という形が使われます。つまり、この「〜した」は、（現在完了を表す「〜した」と同様に、）**「過去」を表していない**のです。

この日本語文では「〜した」という形が使われていますが、あくまでも、「今、バスがこちらへ向かって来る」という**現在の状況**を表しています。そのため、次のように言い換えることが出来ます。

あ！ バスが**来た**（よ） ＝ あ！ バスが**来る**（よ）

英語にこのような用法はないので、**現在形**を使って英訳します。

あ！ バスが**来た**（よ）
　（○）Here **comes** the bus!
　（×）Here **came** the bus!

次の日本語文の英訳でも同じです。

（あ！）ここに僕の傘が**あった**
　（○）Here **is** my umbrella!

57

過去形が「現在」の内容を表す場合

次の文で、質問者が知りたいのは、昔の名前？ 今の名前？

　すみません。お名前は何**でした**っけ？

上の例文は、以前に名前を聞いたけれども忘れてしまい、改めて名前を聞く時に使いますよね。もちろん、昔の名前ではなく、今の名前です。

54 ページでは、過去形は「今」を含まない時間を指し、現在では無効であることを見ました。その理屈に従えば、「お名前は何**でした**っけ？」は、昔の名前を聞いていることになります。

しかし、上の例文のように話し手が、「さっき、名前を聞いたんだけどな…」と、**昔の状況を思い出して**話をしている場合には、話し手の意識は過去にあるので、それに引きずられて**過去形**が使われてしまうのです。そのため、過去形を使ってはいても、実際には**現在の内容**を指します。同じことは、英語でも言えます。

お名前は何**でした**っけ？
＝ What **was** your name (again)?

(そう言えば) 君に1つ**聞きたかった**のだが…
＝ I **wanted** to ask you something…
　　(→ 実際には今でも聞きたい)

ただし、明らかに過去の状況を示す文脈が与えられれば、過去
（つまり、現在では無効）の内容を表します。

結婚する前は、お名前は何**でした**か？
= What **was** your name before you got married?　（→　昔の名前を聞いている）

君に1つ**聞きたかった**のだが、（君はその場にいなかったので、）他の人に聞いたよ
= I **wanted** to ask you something, but (since you were not there) I asked someone else.　（→　今はもう聞くことはない）

・・発展・・

<< 過去形を使った丁寧な表現 >>

過去形を使うことで、現在の丁寧な表現になる場合があります。次の例を見てみましょう。

I **was wondering** if I could bother you a bit now...
今ちょっとお邪魔しても宜し**かった**でしょうか？

これは、過去形を使うことで、現在の事実から距離を置き（☞ p. 129）、断定的な言い方にならないようにしているのです。そのため、もし相手が断ったとしても、「こちらが wondering していたのは過去（＝was）の事なので、大丈夫だ」というニュアンスが出ます。

また、英語の助動詞を過去形で使うと、丁寧な**依頼**を表すことができます。これも、同じ考え方です。（この過去形は、過去という「時間」を指しているのではありません。）

59

まとめ

日本語では、「〜した＝過去形」というイメージがありますよね。
しかし、これまで見てきたように、**過去**だけでなく、**現在完了**の
場合もあります。そのため、日本語の「〜した」を英訳する時に
は、英語では「過去形」を使うのか、「have ＋ p.p.形」を使うの
かを判断しなければなりません。

さらに、日本語の「〜した」は、過去の内容だけではなく、話し手
の認識の仕方によっては、**発見**を表したり、**現在の状況**を指す
場合もあります。

日本語の「〜している」が必ずしも現在進行とは限らないのと同
じく、「〜した」は過去だけを表すものではないのです。

この章で見たことをまとめると、次のようになります。

---

1) 工程を「段階」に分割せず、「時間」だけを表す動詞の形を
単純形という。過去を表す単純形を略して「過去形」、現在
を表す単純形を略して「現在形」という。（未来の場合は、
「未来の表現」という。）

60

2) **現在完了**は、現在の様子を表す表現。一方、**過去形**は、「今」を含まない時間の出来事を指す。

春がいつもより早く来た

Spring **has come** earlier than usual.
（→　今は春）

Spring **came** earlier than usual.
（→　今は春ではない）

3) 日本語の「〜した」が、現在における**「発見」**を表す場合、英語では**現在形**を使う。

Here **comes** the bus!
*(あっ！) バスが**来た***

4) 話し手の認識によっては、日本語でも英語でも、現在の内容を過去形で表すことがある。

What **was** your name (again)?
*お名前は何**でした**っけ？*

＊練習問題＊

次の「〜した」は、過去か現在完了かを判断し、英訳の下線部分の単語を、正しい形に変えなさい。（文法的にどちらも可能な場合は、日本語の文脈から、より良い方を選びなさい。）

1) 僕は煙草を**止めた**ので、今は煙草を持っていません

I don't have cigarettes because I __(give)__ up smoking.

2) 僕は煙草を**止めた**のですが、三日しか続きませんでした

I __(give)__ up smoking, but it lasted only three days.

3) 時計を**失くした**ので、新しいのを買いました

I __(lose)__ my watch, so I bought a new one.

4) 時計を**失くした**ので、探しているところです

I __(lose)__ my watch, so I am looking for it.

5) 夏休み中に旅行に行くことに**決めました**。でもお金がないので無理だと分かりました

I __(decide)__ to go on a trip during summer vacation. But I realized that it was impossible since I didn't have enough money.

6) 夏休み中に旅行に行くことに**決めました**。それでお金を貯めているのです

I __(decide)__ to go on a trip during summer vacation. That is why I am saving money.

7) 宿題を**終えた**ので、今なら友達と遊びに出かけられます

I __(finish)__ my homework, so now I can go out to play with my friends.

8) 宿題を**終えた**ので、友達と野球をしました

I __(finish)__ my homework, so I played baseball with my friends.

9) 私たちはテストに向けてたくさん**勉強しました** *(だから、これから受ける試験に合格すると思います)*
We __(study)__ a lot for the test.

10) 私たちはテストに向けてたくさん**勉強しました** *(だから、昨日のテストに合格しました)*
We __(study)__ a lot for the test.

11) 昨日、新しい車を**買った**ので、今、私にお金はありません
I don't have money because I __(buy)__ a new car yesterday.

12) 今日、町を出ると聞いて残念です。明日もう一度**お会いしたかった**です
I am sorry to hear that you are leaving town today.
I __(want)__ to see you again tomorrow.

13) *(ある人と、すれ違いざまに)* あれは誰**だった**っけ？
Who __(be)__ that?

＊答え＊

1) have given
2) gave
3) lost
4) have lost
5) decided
6) have decided
7) have finished
8) finished
9) have studied
10) studied
11) bought (☞ p. 79)
12) wanted
13) was

63

第６章： 「be + ing 形」の和英文法

次の２つの文では、「～している」が表す様子に違いがある？

　　子供たちはベッドの上で**眠っている**
　　子供たちはベッドの上で**飛び跳ねている**

「眠っている」と言った場合、子供たちが一度眠りにつき、そのまま目を覚ますことなく眠り続けていることを表します。つまり、この「～している」は、「眠る」という行為が**「継続」**することで**進行中**であることを表しています。

一方、「飛び跳ねている」と言った場合には、一度飛んで、そのまま着地することなく飛び続けている、という解釈にはなりませんよね。飛んでは着地し、飛んでは着地し、を繰り返して、子供たちがピョンピョンと飛び続けていることを表します。つまり、この「～している」は、「飛び跳ねる」という行為が**「反復」**することで**進行中**であることを表しています。

このことは、英語でも同じです。そのため、進行中の動作だけでなく、**瞬間的な動作を繰り返している場合**にも、和文英訳する時には、**「be + ing 形」**を使います。（この「継続」と「反復」の違いは、動詞の種類の違いによるものです。）

The children **are sleeping** on the bed.
　　→　継続行為
The children **are jumping** on the bed.
　　→　反復行為

1回の動作の継続時間が短い動詞は、「be + ing形」で**反復**を表す。その動詞には、次のようなものがある。

ウィンクする（wink）　　　　ノックする（knock）
うなずく（nod）　　　　　　くしゃみをする（sneeze）
まばたきする（blink）　　　　たたく（beat）
　　　　　　　　　　　　　　　　　　　　　　　　　　　　　　なと

日本語の「～している」で、よくある間違った英訳

次の2つの日本語文を英語にした時、1番目の英訳の「**be + ing形**」は正解なのに、2番目は間違いです。その理由は？

アンナはピアノを**弾いている**
（○）Anna **is playing** the piano.

その列車は駅を**出発している**
（×）The train **is departing** from the station.

1番目の「ピアノを弾いている」を言い換えれば、「今、ピアノを弾いている**ところだ**」ということですよね。つまり、動作の工程を3段階に分割した時の、**「進行中」の段階**です(☞ p. 37)。そのため、「be + ing 形」を使って英訳するのは正解です。

一方、「駅を出発している」とは、「駅を**すでに**出発した」という意味ですよね。これは進行中ではなく、**「完了後」の段階**です(☞ p. 37)。そのため、英語では**「have + p.p.形」**を使います。

その列車は駅を**出発<u>している</u>**
（○）The train **has departed** from the station.

このように、日本語の**「〜している」**は、**「進行中」**の段階を表すこともあれば、**「完了後」**の段階を表すこともあります。しかし、和文英訳をする時には、日本語の意味をゆっくりと考えれば、「be + ing 形」か「have + p.p.形」か、判断がつくはずです。

「変化」を表す動詞

「駅を出発している」のように、日本語の「〜している」が進行中を表さないのは、「変化」を表す動詞（＝変化動詞）の場合です。「終わる」「停まる」「消える」などの動詞は、**動作や状態の変化**を表し、その変化の達成自体は**一瞬の出来事**です。そのため、「進行中」の段階が、時間的な幅を持ちません。

「停まる」を例に考えてみましょう。例えば、車は動いているか、

停まっているかのどちらかの状態でしかあり得ません。スピードを徐々に落としたとしても、動いていることに変わりありませんよね。そして完全に停まった瞬間に、「停まる」という変化は完了します。そして、何らかの「別の動作」が起こるまで、その変化の「結果」がずっと続きます。このことをイメージ図で表すと、次のようになります。

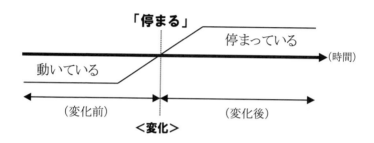

このように、変化そのものは一瞬で達成されます。そのため、「進行中」になるだけの時間的な幅がありません。極端な言い方をすれば、「変化」を表す動詞には、**「進行中の段階」がない**のです。

これを、「食べる」という動詞のイメージ図と比べてみましょう。「食べる」には、「開始前」「進行中」「完了後」という大きく3つの段階があります。そのため、進行中の段階を表すことができます。

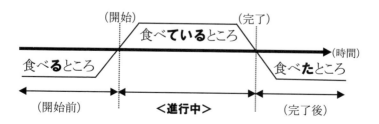

67

このように変化動詞では、日本語の「〜している」という動詞の形が、「変化後（＝完了後）」の段階しか表しません。そのため、「〜している」が「進行中」の段階か、「変化後」の段階かを考えれば、英訳する時に、「be + ing 形」と「have + p.p.形」のどちらを使うべきなのか分かります。

< 確認問題 >
次の日本語文の英訳として、正しいのはどちらか考えてみましょう。
1 彼らは食事を済ませている
　　They **are finishing** the meal.
　　They **have finished** the meal.
2 彼は試験に合格している
　　He **is passing** the examination.
　　He **has passed** the examination.
3 彼女は歌を歌っている
　　She **is singing** a song.
　　She **has sung** a song.
4 信号のところで車が停まっている
　　The car **is stopping** at the traffic light.
　　The car **has stopped** at the traffic light.
5 アンナがクッキーを焼いている
　　Anna **is baking** cookies.
　　Anna **has baked** cookies.
6 パーティーは終わっている
　　The party **is ending**.
　　The party **has ended**.

< 答え >
　1 have finished　2 has passed　　3 is singing
　4 has stopped　　5 is baking　　6 has ended

68

それでは、「変化」を表す動詞（＝変化動詞）が「be + ing 形」を取ると、どういう意味になるのでしょうか。

67 ページで見たように、変化動詞は、「変化前」と「変化後」の2つの段階を持っています。そして、「変化後」の段階を「have + p.p.形」で表します。

これに対して、「変化前」の段階を「be ＋ ing 形」は表すのです。つまり、**変化点**に向けて**近づいている**ことを表します。

変化前の段階を表す日本語の表現には、次のようなものがある。（英語では、変化動詞の「be + ing 形」。）

〜しつつある
夏が終わりつつある

The summer **is ending**.

〜しかけている
信号の所で車が停まりかけている

The car **is stopping** at the traffic light.

〜しそうだ
彼らはもうすぐ食事を終えそうです

They **are finishing** the meal soon.

> **〜する**(ところだ)
>   パーティーが始まります
>   The party **is starting**.
>
> など

「変化前」の段階とは、「動作」を表す動詞で言う「開始前」の段階と同じことです(☞ p. 67)。そのため、「be about + to 原形」(☞ p. 37)と意味的に似た部分があります。しかし、次の2つの点で異なっています。

> 「be about + to 原形」は:
>   1) 直近の未来を表す
>   2) 未来を表す言葉と一緒に使わない

そのため、変化動詞でも「直近の未来」の内容を表すのであれば、「be about + to 原形」を使うことができます。しかし、そうでない場合には、「be + ing 形」を使います。

> オリンピック大会が**まさに**終わろうとしている
> = The Olympic Games **are about to** end.
>
> オリンピック大会はもうすぐ終わる
> = The Olympic Games **are ending** soon.

「単純形」をもう少し詳しく

51 ページで見たように、**単純形**とは、工程を**「段階」に分割しない動詞の形**です。いわゆる、過去形や現在形のことです。習慣・反復行為や、継続する状態を表す時に使います。

また 17 ページで見たように、**動作**とは、何らかの動きをしたり、変化を表したりします。一方、**状態**とは、何の動きや変化も表さず、その時の様子や事実をありのままに述べたものです。

例えば、「Tom **lives** in London.」と言えば、「今、ロンドンに住んでいる」という状況を述べているだけで、「ロンドンに引っ越してきた」という変化まで、意味に含んでいるわけではありませんよね。このことをイメージ図で表すと、次のようになります。

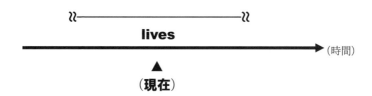

lives

(時間)

▲
（現在）

つまり、「状態」を表す動詞には、「開始点」や「完了点」もなければ、「変化点」もありません。ある状態が**漠然と継続**していることを表すだけなのです。

単純形が表す「反復行為」や「習慣」も、同じ考え方です。例えば、「Tom **makes** breakfast every day.」と言った場合、「いつ」から「いつ」まで、という**期間を区切らず**、「毎日トムが朝ごはんを作る」という行為が**漠然と継続**していることを表します。

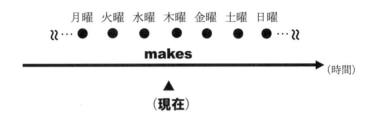

このように、時間的な区切りを持たず、漠然と継続していることを表すのが、英語の「単純形」の働きです(☞ p. 51)。

「be + ing 形」の働き3：　「一時的」な状態・反復行為

次の日本語文を英訳する場合、動詞は**「現在形」**で良い？

　　今月、トムは仕事の都合でパリのアパートで暮らしています

先に見たように、「単純形」とは、始まりや終わりを示さず、漠然と継続している状態や反復行為を表します。しかし、上の日本語文では、「今月」という**区切り**が示されていますよね。そのため、期間が限定され、一時的な出来事であることが分かります。

この場合、**「開始点」**と**「完了点」**が暗示されます。つまり、「段階」に分割されることになります。そのため、英語では**「be + ing 形」**を使って**一時的な状態**であることを示します。このことをイメージ図で表すと、次のようになります。

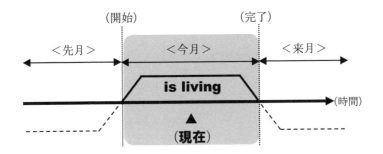

そのため、上の日本語文は、「be + ing 形」を使って、次のように英訳します。（現在形を使った場合との違いを確認しましょう。）

This month, Tom **is living** in an apartment in Paris for business reasons.
*今月、トムは仕事の都合でパリのアパートで**暮らしています***
 → **一時的**な状態 （＝開始点と完了点が暗示される）

Tom **lives** in London.
*トムはロンドンで**暮らしています***
 → **通常**の状態 （＝漠然とした継続）

つまり**現在進行**とは、「進行中」を表すと同時に、その行為が**「いつかは終わる」**ということを含意するのです。（日本語の「手術中」や「運転中」など、「〜中」という言葉に、そのニュアンスが含まれているのと同じです。）このことは、**「動作」を表す動詞**でも同じです。一時的であり、「いつかは終わる」ことが明白な場合、「be + ing 形」を使います。

73

今月、トムは毎日朝ごはんを作っています
= Tom **is making** breakfast every day this month.

上の英文の「be＋ing 形」は、**一時的な行為**であることを示すためのものなので、今この時にトムが朝ごはんを作っていなくても構いません。

< 確認問題 >
次の日本語文の英訳として、正しいのはどちらか考えてみましょう。
1 今週だけはバスで仕事に通います
　I **go** to work by bus just for this week.
　I **am going** to work by bus just for this week.
2 この機械は今のところ動きます （近く動かなくなるのが明白です）
　This machine **works** for now.
　This machine **is working** for now.
3 あなたのお姉さんは何をしている方ですか？ （ご職業は？）
　What **does** your sister **do**?
　What **is** your sister **doing**?
4 （普段はそんなことないのに）今、少年は意地悪をしている
　The boy **is** mean.
　The boy **is being** mean.
5 母親とは、いつも子供たちの将来を考えています
　A mother **thinks** of her children's future.
　A mother **is thinking** of her children's future.

< 答え >
1 am going　　2 is working　　3 does / do
4 is being　　5 thinks

74

「be + ing 形」が、**未来**を表すことがあります。ただし、どんな内容でも良いわけではなく、具体的な準備を始めている**予定**などを表します。

> トムは今週末に友人とゴルフを**します**
> 　= Tom **is playing** golf with his friends this weekend.

未来を表す「be + ing 形」は、未来を表す言葉と一緒に使われます。そうでないと、現在進行の解釈になります。

> トムは友人と(今)ゴルフを**しています**
> 　= Tom **is playing** golf with his friends.

上の2つの例文は、英語では同じ「is playing」でも、日本語では「します」と「しています」になることに注意しましょう。（未来の表現については、第9章と第10章で詳しく見ていきます。）

まとめ

英語の「be + ing 形」には、現在進行だけでなく、幾つかの働きがあります。この働きの違いは、動詞の種類と関係があります。

ただし、19 ページでも見たように、動詞は必ずどれか1つの種類に分類されるとは限りません。複数の意味を持っていれば、複数の分類に属すことになります。(そのため、動詞の「分類」と考えるよりも、動詞が持つ「用法」と理解した方が良いかも知れません。)

この章で見たことをまとめると、次のようになります。

「be + ing 形」の主な働き

1) 進行中の**継続**動作:
   The children **are sleeping** on the bed.
   (→ 動作を「継続」できる動詞の場合)

2) 進行中の**反復**動作:
   The children **are jumping** on the bed.
   (→ 1回の動作が「一瞬」で終わる動詞の場合)

3) 変化点への**接近**:
   The summer **is ending**.
   (→ 「変化」を表す動詞の場合)

4) **一時的**な動作・状態:
   Tom **is making** breakfast every day this month.

5) **未来**の予定(☞ p. 117)
   Tom **is playing** golf with his friends this weekend.

＊練習問題＊

次の日本語文をもとに、英訳の下線部に適切な言葉を入れなさい。動詞が与えられている場合には、正しい形に変えなさい。

1) 部屋の電気が点いたり消えたりしていた
   The light in the room ＿＿(blink)＿＿.

2) 招待客は全員到着している
   All the guests ＿＿＿＿＿＿.

3) 来週は私が朝食を作ることになるでしょう
   I ＿＿＿＿＿＿ breakfast next week.

4) 赤ん坊が泣きだしそうだ
   The baby ＿＿＿＿＿＿.

5) トムが帰宅した時には、パーティーは終わりかけていた
   The party ＿＿＿＿＿＿ when Tom came home.

6) アンナは1か月前に娘の誕生日プレゼントを買っている
   Anna ＿＿＿＿＿＿ the birthday present for her daughter ＿＿＿＿＿＿.

＊答え＊
1) was blinking　　2) have arrived
3) will be making （☞ p. 110）
4) is about to cry　　5) was ending
6) bought / a month ago

77

第7章： 「have + p.p.形」の 和英文法 ①

「完了」の用法

次の2つの文の「食べた」を英訳する場合、動詞は**過去形**？それとも**現在完了形**？

もう昼ごはん**食べた**？
昨日昼ごはん**食べた**？

上の1番目の質問文を、朝・昼・晩のうち、いつ使うかと言うと、昼に使います。夜に、「もう昼ごはん食べた？」と聞く人はいませんよね。現在は「昼」で、「今日」の昼ごはんの話をしています。（これは、「もう」という言葉の働きによるものです。）

つまり話し手は、「食べる」という行為が、**現在**において**「完了後」の段階**にあるかどうかを聞いています。26 ページで見たように、これは現在完了の働きです。（現在完了は、あくまでも**現在の状況**を描写する表現です。）そのため、英語では次のようになります。

Have you **eaten** lunch yet?

一方、2番目の質問文は、「昨日」の昼ごはんの話ですよね。これは現在とは関係のない**過去**の話なので、過去形を使います。

Did you **eat** lunch yesterday?

このように、「〜した」や「〜しました」という動詞の形が、**「もう」**や**「昨日」**など、どんな言葉と一緒に使われるかで、「現在完了」か「過去」かが変わってきます。同じことは英語でも言えます。

日本語の「〜した」「〜しました」が、明らかな過去を表す言葉と一緒に使われると、**過去**を表す。（英語では「過去形」を使う。）

　　昨日　(yesterday)　　　その時　(then)
　　〜前　(〜 ago)　　　　つい先ほど　(just now)
　　〜年に　(in 〜)　　　　〜だった時　(when《＋過去形》)
　　先〜　(last 〜 《week/month/year など》)　　　など

日本語の「〜した」「〜しました」が、次のような言葉と一緒に使われると、**完了**を表す。（英語では「have + p.p.形」を使う。）

　　ちょうど　(just)　　　　　　もう　(yet：疑問文で)
　　既に　(already)　　　　　　　　　　　　　　　　　　　など

注) ただし、already の場合、日本語訳に「〜している」や「〜しています」という形も使える。また、「まだ〜ない」という否定の場合、日本語では「まだ食べなかった」とは言わず、必ず「まだ食べていない」になり、「ている」の否定形しか取らない。

79

「過去」と「現在完了」の両方で使える言葉

例えば、**this morning** や **today** などは、現在完了と過去の両方で使うことができます。ただし、その時には意味に違いがあります。次の2つの文を比べてみましょう。（同様の例は 53 ページでも見ました。）

今朝、彼に会った？
> **Have** you **seen** him this morning?
> （→　今はまだ**午前中**）
> **Did** you **see** him this morning?
> （→　今はもう**午後**）

上の1番目の例では現在完了形が使われていますよね。そのため、「現在」は this morning となり、今はまだ午前なのです。一方、2番目の例では過去形が使われているので、「現在」は this morning と関係がありません。つまり、今はもう午後ということになります。

ここで1つ注意点があります。これは日本語でも同様のことが言えますが、特に**口語**の英語では、本来「have ＋ p.p.形」を使うべき時に、過去形で代用することがあります。そのため、ネイティブの会話では、これまで本書で見てきた「原則」通りに話さないことが多くあります。

次の例文では、already という言葉が使われているので、本来ならば「have ＋ p.p.形」を使うべき所ですが、過去形で代用されています。

I already **finished** my homework.
私はもう宿題を終えました
（＝ I **have** already **finished** my homework.）
　（*私はもう宿題を終えています*）

・・発展・・

<< 「最近」という言葉の英訳 >>

日本語の「最近」に当たる英語には、いくつかの単語があります。しかし、言葉によって、一緒に使える時制が違うので注意が必要です。

lately: 主に現在完了形 （限られた条件下では現在形や過去形も可）
Have you **talked** to him lately?
最近、彼と話をしましたか？

recently: 現在完了形／過去形
The number of tourists **has increased** recently.
最近、観光客の数が増えた
They **got** married recently.
最近、彼らは結婚した

nowadays: 現在形
She **seems** happy nowadays.
最近、彼女は幸せそうだ

現在完了が持つ「４つの用法（＝意味・内容）」

日本語の「〜している」には、たくさんの働きがあります。そのうちの5つを、これまでに見ましたよね（☞ 第2章・第3章）。

このうち現在完了とは、ある動作を**3段階に分割**して、現在は
その動作が「**完了後」の段階**にあることを表します（☞ p. 37）。

加えて、現在完了が表す意味・内容は、さらに4つに分類するこ
とができます。それが、**完了・経験・結果・継続**の4つの用法で
す。この用法の使い分けは、「もう」や「以前に」など、一緒に使
われる言葉によって決まってきます。

完了の用法については、すでに見ました。それでは次に、完了
以外の用法を順に見ていきましょう。（完了の用法で「ちょうど
（＝just）」という言葉が使われると、「〜した」や「〜しました」と
いう動詞の形が使われます。しかし、それ以外の用法では、「〜
している」や「〜しています」を使うことができます（☞ p. 27）。）

「経験」の用法

次の2つの文の「見ています」は、英語では**「be ＋ ing 形」**？
それとも**「have ＋ p.p.形」**？

　　トムは　　今　　その映画を**見ています**
　　トムは　以前に　その映画を**見ています**

82

1番目の例文の「見ています」は、今この時に起こっている出来事を表しているので、**現在進行**ですよね。英語では「be + ing形」で表します（☞ p. 14）。

Tom **is watching** the movie now.

一方、2番目の例文では、見たのは「以前の事」ですよね。ただし、この文の意味は、「現在までに見たことがある」、つまり、現在は「完了後」の段階にあるという、**現時点での「経験」の有無**を表しています。そのため、過去形ではなく、**現在完了形**（＝「have + p.p.形」）を使って英訳します。

Tom **has watched** the movie before.

「完了」の用法と同じで（☞ p. 79）、**「今」**や**「以前に」**など、一緒に使われる言葉によって、上の2つ例文の「見ています」が、現在進行なのか現在完了なのかを見分けることができます。

日本語の「～している」「～しています」が、次のような言葉と一緒に使われると、**経験**を表す。（英語では「have + p.p.形」。）

以前　（before）　　　　　たびたび　（often）
一度、かつて　（once）　　～回　（～ times）
これまで　（ever：疑問文で）　一度も～ない　（never）
　　　　　　　　　　　　　　　　　　　　　など

経験の用法を表す日本語の表現には、主に次の2つがある。

〜したことがある

私はアンナの妹に会ったことがある

I **have met** Anna's younger sister.

〜している

私達は3回このレストランで食事しています

We **have eaten** at this restaurant three times.

< 確認問題 >

次の日本語文の英訳として、正しいのはどちらか考えてみましょう。

1 彼は引っ越しをしているので忙しい

He is busy because he **is moving** to a new house.

He is busy because he **has moved** to a new house.

2 彼は以前に引っ越しをしている

He **is moving** to a new house before.

He **has moved** to a new house before.

3 その少年はその本を一度も読んでいません

The boy **is** never **reading** the book.

The boy **has** never **read** the book.

4 今、彼女は電話中だから、その本を読んでいません

She is on the phone, so she **is** not **reading** the book.

She is on the phone, so she **has** not **read** the book.

< 答え >

1 is moving   2 has moved   3 has / read

4 is / reading

「経験」の用法で、よくある間違った英訳

次の日本語文の英訳が間違っている理由は？

私は3年前に有名な俳優に**会ったことがある**
（×）I **have met** a famous actor three years ago.

英語の「have + p.p.形」はあくまでも**現在**の状況を述べる表現です。つまり、「3年前」のような、明らかに**過去**を表す言葉と一緒に使うことはできません。そのため、日本語文では問題がなくても、上の英訳は間違いになります。

この場合には、現在完了ではなく、**過去形**を使って次のように英訳します。

I **met** a famous actor three years ago.

もし、あくまでも**過去の「経験」**として相手に伝えたい場合には、「3年前に会う**機会があった**」など、何らかの言い換えをする必要があります。

I **had the opportunity** to meet a famous actor three years ago.

次の日本語文の英訳が間違っている理由は？

彼はパリに**行ったことがある**
（×）He **has gone** to Paris.

英語の go は特別な動詞で(☞ p. 49)、「have gone to」は**完了**を表します。これは、日本語の「〜に**行ってしまった**」に相当します。つまり、この表現では、「彼はパリに行ってしまい、今はここにいない」という意味になります。

日本語の「行ったことがある」は、「行って、戻って来て、**現在**はここに**いる**」という意味です。もし、行ったきりで行方不明になったのでは、「行ったことがある」とは言えませんよね。そのため、日本語の「行ったことがある」に相当する英語は、「have **been** to」なのです。そこで、上の日本語文は次のように英訳します。

彼はパリに**行ったことがある**
＝ He **has been** to Paris.

まとめ

現在完了には、**完了・経験・結果・継続**の4つの用法（＝意味・内容）があります。この章では、「完了」と「経験」の2つの用法に

ついて見てきました。この用法の違いは、「もう」や「以前に」など、一緒に使われる言葉によって区別することが出来ます。

この章で見たことをまとめると、次のようになります。

「have + p.p.形」の働き ①

1) **完了**の用法
   ・日本語の「〜した」「〜している」
   　（その他の表現については 39〜40 ページ参照）

   ・次のような言葉と一緒に使われると、「完了」を表す。

ちょうど （just）	もう （yet：疑問文で）
既に （already）	まだ〜ない （yet：否定文で）
	など

   　　もうお昼ごはん**食べた**？
   　　Have you **eaten** lunch yet?

2) **経験**の用法
   ・日本語の「〜している」「〜したことがある」

   ・次のような言葉と一緒に使われると、「経験」を表す。

一度も〜ない （never）	一度、かつて （once）
たびたび （often）	〜回 （〜 times）
以前 （before）	これまで （ever：疑問文で）
	など

トムは以前にその映画を**見ています**
Tom **has watched** the movie before.

＊練習問題＊

次の日本語文をもとに、英訳の下線部に適切な言葉を入れなさい。動詞が与えられている場合には、正しい形に変えなさい。

1) トムは車を運転しているので、電話に出られない
   Tom can't answer the phone because he ＿＿＿＿＿＿ a car.

2) トムとアンナは10年前に結婚している
   Tom and Anna ＿(get)＿ married ＿＿＿＿＿＿.

3) トムとアンナは二人の娘と一緒にロンドンで暮らしている
   Tom and Anna ＿＿＿＿＿ in London with two daughters.

4) アンナは以前ピアノコンテストで優勝している
   Anna ＿(win)＿ a piano competition ＿＿＿＿＿.

5) 先週トムは出張でパリに行きました
   Tom ＿＿＿＿＿ to Paris on a business trip ＿＿＿＿.

6) トムはパリに何度も行ったことがあります
   Tom ＿＿＿＿＿ to Paris ＿＿＿＿＿＿.

7) トムの娘たちも2年前にパリに行ったことがあります
   Tom's daughters also _____ to Paris _____.

8) 私はまだ宿題をしていません
   I _____ my homework ____.

9) 彼は一度も学校に遅刻していません
   He __(come)__ late to school.

10) 子供たちは今テレビを見ていません
    The children _____ TV _____.

11) 10キロ走ったので疲れた
    I got tired because I _____ 10km.

12) 10キロ走ったので、残り5キロだ
    I _____ 10km, so there is 5km more to go.

＊答え＊

1) is driving   2) got / 10 years ago
3) live   4) has won / before
5) went / last week   6) has been / many times
7) went / two years ago
8) have not done / yet
9) has never come   10) are not watching / now
11) ran   12) have run

89

第8章： 「have + p.p.形」の 和英文法 ②

「継続期間」の有無と時制

次の2つの文の「住んでいます」は、英語では**現在形**で良い？

トムは　　　　　　　　ロンドンに**住んでいます**
トムは子供の頃からロンドンに**住んでいます**

上の2つの文で違うのは、「子供の頃から」という言葉があるかないかですよね。16 ページで見たように、日本語で**状態**を表す動詞は、もともと、「～している」という形で使います。

（×）今、トムはロンドンに**住みます**
（○）今、トムはロンドンに**住んでいます**

そのため、日本語で「住ん**でいます**」という動詞の形を取っていても、「進行中」を表しているわけではないので、英語では「be + ing 形」になりません。上の1番目の日本語文を英語にする時には、**現在形**を使います。

Tom **lives** in London.

90

それでは、今作った英文に、「since his childhood（＝子供の頃から）」という言葉を付け足せば、2番目の日本語文の英訳になるかと言うと、そう簡単ではありません。英語では**「have + p.p.形」**を使う必要があります。

> Tom **has lived** in London since his childhood.

次では、この理由を見ていきましょう。

「継続」の用法

「現在完了」の「継続」とは、実に意味不明な言葉ですよね。「完了しているのに、継続する」というのは、矛盾しているように感じませんか？

実はこれは、「継続」という用語が言葉足らずなのです。単に「継続」と言うと、これからも続くという印象を受けます。しかし、より正確には、**現在までの「継続期間」**という意味なのです。

これは、期間を示す（＝計算する）ためには、「開始時」と「完了時」を設定する必要があるという理屈です。71 ページで見たように、**「現在形」**とは、**期間を区切らずに**漠然と継続している動作や状態を表します。

一方、先の2番目の日本語文では、「子供の頃から現在まで」と、継続期間を「区切る」必要があります。この時、**開始時**を設定し

ているのが、「子供の頃から」という部分です。そして、「現在まで」という**完了時**を設定するのが「現在完了」の働きなのです。そのため、英語では「have + p.p.形」を使うのです。(つまり、**期間を区切るための**現在完了形であって、必ずしも「行為の終了」を意味するわけではないのです。)

トムは<u>子供の頃から</u>**（現在まで）**ロンドンに住んでいます
= Tom **has lived** in London <u>since his childhood</u>.

　　　　　　[**完了**時を設定]　　　　　　　[**開始**時を設定]

日本語の「〜している」「〜しています」が、次のような言葉と一緒に使われると、**継続**（期間）を表す。(英語では「have + p.p.形」を使う。)

　〜の間　（for）　　　　〜以来／〜から　（since）
　どれくらいの期間〜か　（how long）　　　　　　　など

継続を表す「have + p.p.形」には、次の2つの特徴がある。

1) **状態**を表す動詞(☞ p. 17)が使われる
　　注) 状態を表す動詞には、「住む」や「勤める」など、動作が一定期間続くことを前提とする動詞も含まれる
2) 現在までの**継続**（期間）を含意する言葉が使われる

継続の用法を表す日本語の表現には、次のようなものがある。

〜して…になる
  彼は工場に勤めて10年になる
  He **has worked** in a factory for 10 years.

〜し続けている
  トムの叔母はパリに30年間住み続けている
  Tom's aunt **has lived** in Paris for 30 years.

…から〜している
  子供の頃から私はトムを知っています
  I **have known** Tom since we were children.
                                                    など

また、**「動作」を表す動詞**(☞ p. 17)では、「have + p.p.形」を使うと「完了」の意味になるのが普通です。そのため、「継続」を表すには**「have been + ing 形」**という形を使います。(これを「現在完了進行形」と呼びます。) この形を使うと、今後も、その動作が続くニュアンスが出ます。

I **have run** for 30 minutes.
私は30分走ったところだ
  → これからも走るかどうかは不明

I **have been running** for 30 minutes.
私は30分走り続けている
  → これからも走るニュアンス

< 確認問題 >
次の日本語文の英訳として、正しいのはどちらか考えてみましょう。
1 アンナは菜食主義者なので肉を食べません

  Anna **doesn't eat** meat because she is vegetarian.

  Anna **hasn't eaten** meat because she is vegetarian.

2 彼は1週間ずっと病気です

  He **is** sick for a week.

  He **has been** sick for a week.

3 私は帰宅してからずっとテレビを見ています

  I **am watching** TV since I came home.

  I **have been watching** TV since I came home.

4 彼と知り合って3年になります

  I **know** him for three years.

  I **have known** him for three years.

5 時々トムはゴルフをします

  Sometimes Tom **plays** golf.

  Sometimes Tom **has played** golf.

6 トムはどれくらいフランス文学を勉強していますか？

  How long **does** Tom **study** French literature?

  How long **has** Tom **studied** French literature?

7 アンナは普通一日に何時間ピアノを弾きますか？

  How many hours **does** Anna usually **play** the piano in a day?

  How many hours **has** Anna usually **played** the piano in a day?

8 私は2時間、車を運転し続けています

  I **have driven** a car for two hours.

  I **have been driving** a car for two hours.

< 答え >

1 doesn't eat	2 has been
3 have been watching	4 have known
5 plays	6 has / studied
7 does / play	8 have been driving

94

次の日本語文の英訳が間違っている理由は？

私は彼女を10年前から知っています
（×）I have known her since 10 years ago.

日本語では「10年前から」など、「〜前から」という表現は、問題なく使うことができます。しかし、英語では「since 10 years ago」と言うことはできません。

英語の **since** は、「過去の一時点」を開始点として、**時間の流れに沿って**、現在までの継続を表します。これに対して**ago**は、「現在」を開始点として、**時間の流れに逆らって**「どれくらい前か」を表します。そのため、sinceとagoでは表す時間の方向性がぶつかり合ってしまいます。このことをイメージ図で表すと、次のようになります。

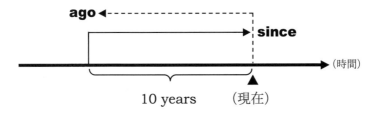

そのため、日本語では「10年前から」と言えても、英語では継続期間を表す **for**（＝「〜の間」）を使って表現します。

私は彼女を10年**前から**知っています
（○）I **have known** her **for** 10 years.

次の2つの文の「住んでいました」は英語では**過去形**で良い？

トムは　　　　　　　　　　パリに4年間**住んでいました**
トムは大学を卒業するまで パリに4年間**住んでいました**

上の2つの文では、どちらも「4年間」という継続期間を表しています。ますよね。しかし1番目では「いつまで」という完了時が設定されていません。つまり、過去のある時期に（＝漠然と）、「4年間住んでいた」という意味なので、**過去形**を使います（☞ p.71）。

トムはパリに4年間**住んでいました**
＝ Tom **lived** in Paris for four years.

これに対して2番目の文では、「大学を卒業するまで」と言っているので、大学を卒業した時が完了点です。これは、「**現在**まで」の継続ではなく、「**過去の一時点まで**」の継続ですよね。この場合には、「**had ＋ p.p.形**」を使って英訳します。この形を過去

完了形(☞ p. 154)と言います。

> トムは大学を卒業するまでパリに4年間**住んでいました**
> = Tom **had lived** in Paris for four years until
> he graduated from university.

「結果」の用法

現在完了が持つ4つの用法のうち、一番見分けにくいのは、**結果**の用法ではないでしょうか。しかしこれは、日本語で考えてみると、それほど難しくありません。

日本語では、「**～した**」=「**今（でも）～している**」の関係が成り立つ場合が、結果の用法です。「咲く」と「見る」を例にして、見てみましょう。（26ページの例文も参照。）

> 庭でたくさんのバラが咲い**た**
> = 結果、たくさんのバラが、**今**咲い**ている**

> トムはその映画を見**た**
> ≠ 結果、トムはその映画を、**今**見**ている**

1番目の例文では、「花が開く」という出来事が起こり、**現在も**

「花が開いたまま」です。つまり**「咲いた結果の状態」**が現在でも続いています。これが現在完了の「結果」の用法です。この「咲いた」を英語にする時には、**「have + p.p.形」**を使います。

Many roses **have bloomed** in the garden.
→ 花が咲き、その結果、**今も開花状態**にある

しかし、同じ「咲いた」という日本語でも、それが**過去の出来事**で、現在とは関係がない場合(☞ p. 53)には、**過去形**を使います。(例えば、「去年」などの言葉が一緒に使われた時です。)

去年、庭でたくさんのバラが咲い**た**
Many roses **bloomed** in the garden last year.
→ 「去年」の話で、現在の状態とは無関係の出来事

「結果」の用法が、他の用法と違うのは、一緒に使われる特定の言葉がない点です。(例えば、「have + p.p.形」と just なら「完了」、before なら「経験」、など。)しかし、「結果」の用法で使われるのは、基本的に「変化」を表す動詞(☞ p. 66)です。

まとめ

この章では、現在完了が持つ「継続」と「結果」の用法について見ました。現在完了の基本的な働きは、「いつ」を表すことでは

ありません。**現在までに「完了」しているか、現在までの「経験」「継続期間」「結果状態」を表す**ことです。この「現在**まで**」という部分が、現在完了の働きなのです。

この章で見たことをまとめると、次のようになります。

「have + p.p.形」の働き ②

3) **継続**の用法
 ・日本語の「〜している」「〜して…になる」など

 ・次のような言葉と一緒に使われると、「継続」を表す。

> 〜の間 （for）　　　　　　〜以来、〜から （since）
> どれくらいの期間〜か （how long）　　　　など

　　トムは子供の頃からロンドンに**住んでいます**
　　Tom **has lived** in London since his childhood.

 ・「動作」を表す動詞の継続には、「have been + ing 形」という形を使う。

　　私は30分走り続けている
　　I **have been running** for 30 minutes.

4) **結果**の用法
 ・日本語の「〜した」「〜している」
　（「〜した」＝「今（でも）〜している」が成り立つ場合）

・一緒に使われる特定の言葉はない。

> 庭でたくさんのバラが咲いた（＝今でも開花状態）
> Many roses **have bloomed** in the garden.

＊練習問題＊

次の日本語文をもとに、英訳の下線部に適切な言葉を入れなさい。動詞が与えられている場合には、正しい形に変えなさい。

1) 私は彼が結婚するという知らせを既に聞いています
   I _____ the news that he is getting married.

2) この川は森を抜けて流れています
   This river __(run)__ through the forest.

3) アンナはバターをパンに塗っています
   Anna __(put)__ butter on her bread.

4) 私は彼に2回会っています
   I _____ him twice.

5) 3週間前から私はその事故について知っています
   I _____ about the accident _____.

6) 彼らは2時間踊りっぱなしです
   They _____ for two hours.

7) 庭の雪がすっかり消えています
The snow in the yard ＿(disappear)＿ completely.

8) 私は1週間前にその映画を見ています
I ＿＿＿＿ that movie ＿＿＿＿.

9) アンナは今日の買い物を済ませています
Anna ＿(finish)＿ shopping for today.

10) 子供たちはまだ目を覚ましていません
The children ＿＿＿＿ yet.

11) どれくらいの時間その子は泣いているのですか？
How long ＿＿＿ the child ＿＿＿?

12) みんなが彼の無実を信じています
Everybody ＿＿＿ his innocence.

13) 彼はロンドンに一度行っています
He ＿＿＿＿＿ to London once.

＊答え＊

1) have already heard   2) runs （☞ p. 31）
3) is putting   4) have met
5) have known / for (the last) three weeks
6) have been dancing   7) has disappeared
8) watched / a week ago   9) has finished
10) have not woken up   11) has / been crying
12) believes （状態動詞）   13) has been （☞ p. 86）

第9章： 「未来の表現」の和英文法 ①

「will + 原形」と「be going + to 原形」の違い

次の2つの日本語文を英訳する場合、動詞には「**will + 原形**」を使う？それとも「**be going + to 原形**」を使う？

　　今夜、彼に**電話します**
　　今夜、彼に**電話しよう**（かな）

上の例文では、どちらも「今夜」と言っているので、**未来**の内容です。しかし1番目の例文では、電話することが、話し手の頭の中で既に決まっている感じがしますよね。いわば、**決心**や**意図**を述べているように聞こえます。

それに対して2番目の文では、「そうだ、彼に電話してみよう」という位の、とっさの**思いつき**のような印象を受けます。この「～しよう（かな）」という動詞の形は「意向形」と呼ばれ、その名の通り、話し手の**意向**や**願望**を表します。

英語で、日本語の意向形に当たるのが **will** です。つまり、willの第一の働きは、**その場での「思いつき」や「願望」**を表すことです。一般的に「英語で未来形は will」と思われていますが、未来の事なら何でも will で表現できるわけではありません。

102

今夜、彼に**電話しよう**（かな）
= I **will call** him tonight.
> 注）一人称（☞ p. 106）では、普通、「I'll」という短縮形が
> 使われるが、本書では「will + 原形」という動詞の形
> を強調するために、あえて短縮形にしない。（以下同）

これに対して、既に意思決定がされているような、**実現性の高い未来**の出来事を表すには、**「be going + to 原形」**を使います。

今夜、彼に**電話します**
= I **am going to call** him tonight.

このように、同じ「未来」の事でも、**実現の確実性**という点で、決心や意図を表す「be going + to 原形」と、その場での思いつきや願望を表す will は大きく違うのです。

「will + 原形」①
= その場での**思いつき**や**願望** （→不確定な未来）

次のような日本語の表現に相当する。
〜しよう（かな）
もう寝ようかな
(I think) I **will go** to bed now.

〜してみます
　　じゃあ、明日もう一度挑戦してみます
　　Well then, I **will try** it again tomorrow.

〜する(よ)　(＝その場での反応)
　　金曜日までに返事をします(よ)
　　I **will give** you my answer by Friday.

　　　　　　　　　　　　　　　　　　　　　など

「be going + to 原形」
　　＝既についている**決心**や**意図**　(→実現性の高い未来)

次のような日本語の表現に相当する。

〜するつもりだ
　　今日中にこの課題を終わらせるつもりだ
　　I **am going to finish** this assignment today.

〜する予定だ
　　トムは新しい車を買う予定です
　　Tom **is going to buy** a new car.

〜する(ことになっている)
　　誰がケーキを作るの？
　　Who **is going to prepare** the cake?

　　　　　　　　　　　　　　　　　　　　　など

ただし、強い決心を述べる時など、書き換えが可能な場合もあ

るので、辞書で確認することが大切です。

I **will stop** drinking!（→ will が強く発音される）
= I **am going to stop** drinking!
僕はお酒をやめるぞ！

＜ 確認問題 ＞
次の日本語文の英訳として、より良いのはどちらか考えてみましょう。
（文法的に両方可能な場合には、文脈から好ましい方を選びましょう。）
1 分かった。それについて明日彼に聞いてみるよ

All right. I **will ask** him about it tomorrow.

All right. I **am going to ask** him about it tomorrow.
2 それについて明日彼が知らせてくれることになっています

He **will tell** me about it tomorrow.

He **is going to tell** me about it tomorrow.
3 来週、私たちは結婚します

We **will get** married next week.

We **are going to get** married next week.
4 大きくなったら僕は有名な俳優になりたいな

I **will be** a famous actor when I grow up.

I **am going to be** a famous actor when I grow up.
5 分かったよ。僕がチケット代を払うよ

OK. I **will pay** for the tickets.

OK. I **am going to pay** for the tickets.
6 彼はパーティーに来る予定です

He **will come** to the party.

He **is going to come** to the party.

＜ 答え ＞
1 will ask	2 is going to tell
3 are going to get	4 will be
5 will pay	6 is going to come

主語の人称と「will」の意味の違い

次の3つの文で、2番目と3番目の文が間違っている理由は？

(もし時間があれば)

（○）今夜、**僕は**彼に会いに行こう（かな）

（×）今夜、**君は**彼に会いに行こう（かな）

（×）今夜、**トムは**彼に会いに行こう（かな）

上の3つの文で違うのは、主語の人称です。人称とは、会話の「話し手」「聞き手」「第三者」の区別のことです。

一人称 ＝ 「話し手」　（「私」「僕」「私達」など）
二人称 ＝ 「聞き手」　（「あなた」「君」「あなた達」など）
三人称 ＝ 「第三者」　（「彼」「彼女」「それ」「彼ら」など）

日本語の「〜しよう（かな）」という意向形（☞ p. 102）は、**一人称で**使います。これは、自分以外の人の意図や真意など、他の誰にも分からないからです。あくまでも、他の人の意図や真意は「推測」するしかないですよね。

そのため、主語が**二人称**と**三人称**の時には、「〜するはずだ」とか、「〜するに違いない」という、**「他人の意向」を推量**する表現が当てはまります。（そうでないと、上の2番目と3番目の例文

のように、不自然な日本語になります。）

> *(もし時間があれば)*
> 今夜、君は彼に会いに**行くはずだ**
> 　　　　　　　　　　　**／行くに違いない**
> 今夜、トムは彼に会いに**行くはずだ**
> 　　　　　　　　　　　**／行くに違いない**

英語の **will** も同じです。一人称では**「本人の意向」**を表し、二人称と三人称では**「他人の意向」**の推量を表します。そのため、同じ will でも、英文和訳をする時には、注意が必要です。

> I **will go** to see him tonight (if I have time).
> 　*今夜、僕は彼に会いに**行こうかな***

> Tom **will go** to see him tonight (if he has time).
> 　*今夜、トムは彼に会いに**行くはずだ／行くに違いない***

・・発展・・

<< must と will >>

日本語で「〜するはずだ」や「〜するに違いない」と言うと、must が思い浮かびます。しかし **must** は、**「現在」**の事について、一定の**根拠**を**持って**、話し手が**「判断」**を述べる表現です。次の例文と比べてみましょう。

He looks pale. He **must be** sick.
彼は顔色が悪いね。きっと病気に違いない

これに対して **will** は、「**未来**」の事について、明確な**根拠を持たずに**、話し手が「**推量**」を述べる表現です。そのため、「〜するはずだ」や「〜するに違いない」を和文英訳する時には、次の2つを区別する必要があります。

> **must**: **現在**の事について根拠のある**判断**
> **will**: **未来**の事について根拠の少ない**推量**

疑問と否定の「will」

これまで見てきたように、will の第一の働きは、主語の意向を表すことです。**疑問文**で使われれば、「**相手の意向を聞く**」ことになります。そこから相手への**依頼**の意味が生まれます。

> **Will** you **come** to the party?
> *パーティーに来てくれますか？*

また、**否定文**で使われると、否定の意向、つまり**拒否**を表すようになります。

> He **won't return** my book.
> *彼が僕の本を返してくれない*
>
> （注：won't は will not の短縮形）

<< 相手に予定を尋ねるには >>

will が疑問文で使われると、相手への「依頼」を表すのが普通です。そのため、相手の「予定」を尋ねるには、「will be + ing 形」を使うことが多くあります。

Will you **be coming** to the party?
パーティーにいらっしゃいますか？

また、「be going + to 原形」を疑問文で使うと、「何をするつもりなの？」と、相手の意思決定をストレートに聞くことになり、不躾(ぶしつけ)になる恐れがあります。そこで、上の例文と同じく「will be + ing 形」を使うと、丁寧な表現になります。

Are you **going to help** me?
手伝ってくれるの？（くれないの？）（＝意思決定をしてよ）
Will you **be helping** me?
手伝っていただけるのですか？（＝あなたの意向・願望を教えてください）

< 確認問題 >
次の日本語文の英訳として、より良いのはどちらか考えてみましょう。
（文法的に両方可能な場合には、文脈から好ましい方を選びましょう。）

1 次回は負けませんよ

  I **will win** next time.

  I **am going to win** next time.

2 （こんなに練習したのだから）この試合に負けるつもりはないよ

  I **will win** this game.

  I **am going to win** this game.

3 たぶん今夜彼が君に電話するんじゃないかな

  Maybe he **will call** you tonight.

  Maybe he **is going to call** you tonight.

4 今夜彼から君に電話があるよ （だから家にいてね）

  He **will call** you tonight.

  He **is going to call** you tonight.

5 明日レストランで食事をする予定はありません
　　I **won't eat** at a restaurant tomorrow.
　　I **am not going to eat** at a restaurant tomorrow.
6 その少年は絶対にニンジンを食べようとしない
　　The boy **won't eat** carrots.
　　The boy **is not going to eat** carrots.
7 塩を取っていただけますか？
　　Will you **pass** me the salt?
　　Are you **going to pass** me the salt?
8 もうすぐ彼女はここに来るはずです
　　She **will be** here soon.
　　She **is going to be** here soon.

< 答え >
1　will win
3　will call
5　am not going to eat
7　Will / pass

2　am going to win
4　is going to call
6　won't eat
8　will be

「非断定」の「will」

次の2つの日本語文を英訳する場合、動詞は「**will + 原形**」を使う？それとも「**be going + to 原形**」を使う？

　　この式典は1時間で**終わります**
　　この式典は1時間で**終わるでしょう**

上の1番目の例文では、式典のプログラムがきっちりと決まっていて、1時間で終わることを話し手は知っている印象を受けますよね。つまり、予定のような**確定的**な未来なので、「be going + to 原形」を使います。

This ceremony **is going to finish** in an hour.

それに対して2番目の例文では、「〜でしょう」という非断定の表現を使っています。これは話し手の「推量」（もしくは「予測」）を言っているにすぎません。つまり、予定や計画とは言えない**不確定**な事なので、英語では「will + 原形」を使います。

(I think) This ceremony **will finish** in an hour.

このように will には、「意向」を表す他にも、「〜でしょう」や「〜だろう」という**「非断定」**の働きがあります(☞ p. 107)。

この場合の will は、「未来」の出来事を指すとは限りません。その証拠に、will を使って、現在の「非断定」（もしくは「推量」）の内容を表すことができます。例えば、ドアの呼び鈴が鳴って、「誰だろう？」と聞く相手に対して、次のように言うことができます。（この will は、「未来」ではなく「非断定」の働き。）

That **will be** the postman.
*(おそらく)郵便屋さん***でしょう**
→ 未来の話ではなく、今、ドアの所に実際に誰かがいる

「will ＋ 原形」②

= 話し手の**推量**や**予測**（→不確定な未来）

次のような日本語の表現に相当する。

〜でしょう／〜だろう

近いうちに雨が降るでしょう

It **will rain** soon.

〜する気がする／しそうだ（根拠のない予測）

明日は何か良いことが起こりそうだ

Something good **will happen** tomorrow.

など

根拠のある予測

次の日本語文を英訳する場合、動詞は「**will ＋ 原形**」を使う？
それとも「**be going ＋ to 原形**」を使う？

（黒い雨雲が空を覆っているので）
もうすぐ雨が**降りそうだ**

根拠のない予測をする場合、「will ＋ 原形」を使います。それ
に対して、上の日本語文では、「黒い雨雲が空を覆っている」と

いう現在の状況から、近い未来において「雨が降る」と予測する
のは、理に適ったことです。このような**根拠のある予測**には、
「be going + to 原形」を使います。

It **is going to rain** soon.

「will + 原形」と「be going + to 原形」は、それぞれ表す内容
が違います。この章では、主な原則だけを見ましたが、この他に
もたくさんの用法があり、場合によっては書き換えが可能な場合
もあります。そのため、辞書で確認することが大切です。

また、「will + 原形」と「be going + to 原形」のどちらを使うかは、
話し手がどう状況をとらえているかに左右されます。つまり、
どちらか一方の表現だけが正しいというわけではないのです。

この章で見たことをまとめると、次のようになります。

「未来の表現」①
　1)**「will + 原形」その1**　(→不確定な未来)
　　特徴①:　その場での**思いつきや願望**
　　　　金曜日までに返事をします(よ)
　　　　= I **will give** you my answer by Friday.

113

特徴②: 根拠のない**推量**や**予測**

　　この式典は1時間で終わるでしょう

　　　= This ceremony **will finish** in an hour.

特徴③: 疑問文で**依頼**、否定文で**拒否**

　　パーティーに来てくれますか？

　　　= **Will** you **come** to the party?

　　彼が僕の本を返してくれない

　　　= He **won't return** my book.

2)「**be going + to 原形**」（→実現性の高い未来）

　特徴①: 既についている**決心**や**意図**

　　トムは新しい車を買う予定です

　　　= Tom **is going to buy** a new car.

　特徴②: 根拠のある**推量**や**予測**

　　（黒い雨雲が空を覆っているので）

　　もうすぐ雨が**降りそうだ**

　　　= It **is going to rain** soon.

＊練習問題＊

次の日本語文をもとに、英訳の下線部に適切な言葉を入れなさい。動詞が与えられている場合には、正しい形に変えなさい。

1) いつか君はこのことを後悔するよ
   You _____ this _____.

2) 明日雨が降ったら彼は家にいるんじゃないかな
   If it rains tomorrow, he ＿(stay)＿ home.

3) 彼女は6月に出産の予定です
   She ＿(have)＿ a baby _____.

4) 僕の猫の写真を見せてあげる
   I _____ you some pictures of my cat.

5) ちょっと急ごう。(このままだと) 電車に乗り遅れちゃうよ
   Let's hurry a bit. Otherwise we ＿(miss)＿ the train.

6) そのクッキーを全部食べるつもりなの？
   _____ you _____ all the cookies?

7) 彼が遅れて来たら、どうしようか？
   What _____ we _____ if he comes late?

＊答え＊
1) will regret / some day
2) will stay
3) is going to have / in June
4) will show
5) are going to miss
6) Are / going to eat
7) will / do

115

第１０章:「未来の表現」の和英文法 ②

「未来」を表す「be + ing 形」

次の文は、過去・現在・未来のうち、いつの話をしている？

電車は目的地に**到着しつつある**

「到着しつつある」と言えば、目的地に向けて、現在、近づいていることを表します（☞ p. 69）。当然、**現在**の状況について述べています。そのため、「be + ing 形」を使って英訳できます。

The train **is arriving** at the destination.

この電車の話の「続き」を想像すると、**近い未来**において実際に「到着する」と考えるのが、自然な流れですよね。そのため、例えば「まもなく」など、近い未来を表す言葉を一緒に使って、次のように言い換えることができます。

電車は目的地に**到着しつつある** （**現在**の状況）
＝ 電車は目的地に**まもなく到着する** （**未来**の状況）

116

このように、ある出来事が、**現在の状況から**自然な流れとして、近い**未来に実現すると**想定される場合、英語では、**「be + ing 形」**を使って、未来を表すことができます。ただし、この時には、近い未来を表す言葉が一緒に使われる必要があります。

電車はあと5分で目的地に**到着します**
The train **is arriving** at the destination in five minutes.

→　この **is arriving** は「到着しつつある」の
　　意味ではない

多くの場合、「be + ing 形」と「be going + to 原形」は書き換えが可能です。(違いが出る場合については 120 ページ参照。)

「時」を表す言葉 と 「be + ing 形」

「be + ing 形」の基本的な働きは**進行中**の動作や出来事を表すことです (☞ p. 64)。

Tom **is playing** golf with his friends now.
トムは今、友人とゴルフをしています

→　**now** は現在を表す言葉なので、この
　　「be + ing 形」は**現在進行**

しかし「be + ing 形」が、「**未来**を表す言葉」と一緒に使われると、未来の内容を表すことができます。

Tom **is playing** golf with his friends this Friday.
*トムは今週の金曜日、友人とゴルフを**します***
→ **this Friday** は未来を表す言葉なので、この「be + ing 形」は**未来** （→「しています」ではない）

ただし、「be + ing 形」が**未来**を表すのは、現在の状況から自然な流れとして、**今後に起こると想定される出来事**です。

現在の状況とは、例えば、ゴルフ場の予約を入れたり、友人と連絡を取ったりと、ゴルフの**準備**や**手配**が始まっている場合です。つまり、頭の中では、既に金曜日のゴルフが**進行中の段階**にある時に、「be + ing 形」で未来を表すことができるのです。

「will + 原形」か、「be + ing 形」か

次の2つの文の「会います」を英訳する場合、動詞は**「will + 原形」**を使う？それとも**「be + ing 形」**を使う？

　　明日、仕事の後で、トムに**会います**
　　明日、時間があれば、トムに**会います**

1番目の「会います」は、**予定**や**計画**なので、**「be + ing 形」**を使って英訳します。（「いつ、どこで会うか」など、実際の「手は

ず」が整っていることを示唆します。)

> I **am meeting** Tom after work tomorrow.

一方、2番目の日本語文では、「時間があれば」と言っているので、まだ会うかどうかは**不確実**ですよね。そのため、**「will + 原形」**を使って英訳します。

> I **will meet** Tom if I have time tomorrow.

「will + 原形」か、「be going + to 原形」か

次の2つの文の「降ります」を英訳する場合、動詞は**「will + 原形」**を使う？それとも**「be going + to 原形」**を使う？

(黒い雨雲が空を覆っているので)
 もうすぐ雨が**降ります**
(梅雨の季節が近づいているので、おそらく)
 もうすぐ雨が**降ります**

1番目の日本語文は、112 ページで見たのと基本的に同じものです。これは、「黒い雨雲が空を覆っている」という明確な**兆候**

があり、話し手が何らかの**「判断」**や**「根拠のある予測」**を述べているので、**「be going + to 原形」**を使います。

It **is going to rain** soon.

これに対して2番目の文には、「梅雨の季節が近づいているので」という文脈が与えられています。しかし、実際に梅雨がいつ始まるのか正確には誰にも分かりませんよね。また、「おそらく」という言葉も、**不確実さ**を表しています。そのため、この「降ります」は、**「will + 原形」**を使います。

It **will** (probably) **rain** soon.

「be + ing 形」か、「be going + to 原形」か

次の日本語文を英訳する場合、動詞は**「be + ing 形」**を使う？それとも**「be going + to 原形」**を使う？

　(台風が来ているので)
　　明日は雨がたくさん降ります

多くの場合、「be + ing 形」と「be going + to 原形」は書き換えることができます。ただし「be + ing 形」は、個人的に**準備**を進めている場合に多く使われます。そのため、自然現象のように、人の意思で**コントロールできない**ことに「be + ing 形」は使えません。一方、「be going + to 原形」は使うことができます。

(×) It **is raining** a lot tomorrow.
(○) It **is going to rain** a lot tomorrow.

次の日本語文を英訳する場合、動詞は「**be + ing 形**」を使う？それとも「**be going + to 原形**」を使う？

　　新しい車を買うつもりです

「**be going + to 原形**」は、**意思決定**がされていることを強調します。そのため、実際には、まだ具体的な準備が進んでいなくても構いません。それに対して、「**be + ing 形**」は実際に**準備**が進んでいることを強調します。そのため、上の日本語文を英訳する時には、「be going + to 原形」が適切です。

I **am going to buy** a new car.

「**I am buying**」は、「今度、新しい車を買うんだよ」という感じで、購入に向けて話が着々と進んでいるニュアンスがあります。

<< 相手のいる行為の場合 >>

例えば、「誰かと話をする」など、相手のいる行為の場合、「be going + to 原形」はこちらの意思決定を表しますが、相手がどうかは不明です。つまり、こちら側の一方的な行為である可能性があります。

I am going to call him tonight.
今夜, 彼に電話するつもりです
→ 相手は私が連絡することを知らないこともあり得る

それに対して「be + ing 形」は、手はずが整っていることを表すので、相手の了解を得て何かをする可能性が高くなります。

I am calling him tonight.
今夜, 彼に電話することになっています
→ 私から連絡があることを相手が知っているニュアンス

「will + 原形」= 不確定の未来
   1) その場での思いつきや願望 （準備などを伴わない）
   2) 根拠のない推量や予測
   3) 自分の意思でコントロールできないことにも使える

「be going + to 原形」= 意思決定している確定的な未来
   1) 明確な兆候のある予測や判断
   2) 自分の意思でコントロールできないことにも使える

「be + ing 形」= 準備が進んでいる確定的な未来
   1) 予定や計画
   2) 個人的なことや、自分の意思でコントロールできること

< 確認問題 >

次の日本語文の英訳として、より良いのはどちらか考えてみましょう。
（文法的に両方可能な場合には、文脈から好ましい方を選びましょう。）

1 彼はもっと時間が必要になるだろう

He **will need** more time.

He **is needing** more time.

2 明日は誰が勝つだろう？

Who **will win** tomorrow?

Who **is going to win** tomorrow?

3 私の妹は5月に赤ちゃんが生まれる

My sister **will have** a baby in May.

My sister **is going to have** a baby in May.

4 彼は明日旅行に出ます

He **will go** on a trip tomorrow.

He **is going** on a trip tomorrow.

5 この寒さでは、もうすぐ雨が雪に変わるでしょう

The rain **is turning** to snow soon because of the cold.

The rain **is going to turn** to snow soon because of
the cold.

6 このトリートメントの後、髪がとても輝いて見えるようになります

Your hair **is looking** very shiny after this treatment.

Your hair **is going to look** very shiny after this
treatment.

7 ここでトムと会うことになっているんだ

I **am meeting** Tom here.

I **am going to meet** Tom here.

< 答え >

1 will need   2 will win
3 is going to have   4 is going
5 is going to turn （→人の意思ではコントロールできないこと）
6 is going to look （→人の意思ではコントロールできないこと）
7 am meeting （→準備ができていることを強調）

123

現在の状況と関係がない未来　（＝遠い未来）

次の日本語文を英訳する場合、動詞は**「will + 原形」**を使う？
それとも**「be + ing 形」**を使う？

　　（大人になったら）何をしますか？

上の文は普通、子供に将来の夢を聞く時に使う表現ですよね。
具体的な現在の状況、つまり、その子供の決心や意図、もしく
は、準備が進んでいるかどうかなどを想定して、聞いているわけ
ではありません。このように**未来**に関して、**漠然と「情報」のや
りとり**をする場合には、**「will + 原形」**を使うのが基本です。

What **will** you **do**? (when you grow up)

一方、決心や意図(☞ p. 102)、具体的な準備が進んでいる予定
や計画(☞ p. 118)など、現在の状況との関係を強調する時には、
「be going + to 原形」や「be + ing 形」が好まれます。

What **are** you **going to do**? (when you
graduate)
　　*（卒業したら）何をする**つもり**ですか？*
What **are** you **doing**? (tonight)
　　*（今晩）何をする**ことになっている**の？*

次の日本語文の英訳が間違っている理由は？

この夏、ヨーロッパを旅行しようと**思っています**。（それで昨日、飛行機のチケットを買いました）

（×）I **am thinking** of travelling in Europe this summer. (So I bought the airplane ticket yesterday.)

日本語では、未来の**予定**や**計画**を表すのに、**「〜しようと思っています」**という表現がよく使われます。これを文字通り英語で「be thinking」とすると、間違いになります。

37 ページで見たように、「be + ing 形」は**進行中**の段階を表します。つまり、**「be thinking」**は**「考え中です」**という意味です。まだ決断をしていないのですから、「昨日、飛行機のチケットを買いました」という文脈があっては、話が合いませんよね。

この場合の「〜しようと思っています」は、明らかに**予定**や**計画**を表しているので、「be going + to 原形」や「be + ing 形」を使います。

この夏、ヨーロッパを**旅行しようと思っています**

（○）I **am going to travel** in Europe this summer.

125

英語で**未来**を表す表現には、「will + 原形」「be + ing 形」「be going + to 原形」の他、9ページで見た**「現在形」**もあります。これらは「原則」で言えば、それぞれ表す内容が違います。

ただし、どの形を使うかは、話し手の強調したい内容によって変わってくるので、どれか1つの形だけが正しいとは限らず、言い換えできる場合もあるので、辞書で確認することが大切です。

この章で見たことをまとめると、次のようになります。

「未来の表現」 ②

1) **「be + ing 形」** （→実現性の高い未来）

　　特徴①: **準備**や**手はず**の進んでいる計画や予定
　　　　　　（→ 未来を表す言葉と一緒に使われる）

　　　トムは今週の金曜日、友達とゴルフを**します**

　　　= Tom **is playing** golf with his friends this Friday.

　　特徴②: 自然現象など、自分の意思でコントロールできないことには使えない

　　　（×）It **is raining** a lot tomorrow.
　　　（○）It **is going to rain** a lot tomorrow.

2) **「will + 原形」その2** （→遠い未来）

　　特徴④: 現在の状況と関係がない未来
　　　　　　（特徴①〜③については 113〜114 ページ参照）

＊練習問題＊

次の日本語文をもとに、英訳の下線部に適切な言葉を入れなさい。動詞が与えられている場合には、正しい形に変えなさい。

1) 手伝ってあげるよ
   I _____ you.

2) 明日、私の電車は7時に出発します
   Tomorrow, my train __(leave)__ at seven o'clock.

3) 明日、私は7時に家を出ます
   Tomorrow, I __(leave)__ home at seven o'clock.

4) トムはアンナにバラをあげる予定です
   Tom _____ Anna some roses.

5) もうすぐ春が来ます
   Spring _____ soon.

6) たくさんの人が今夜のパーティーに来るんだよ（だから準備が大変だ）
   Many guests _____ to the party tonight.

7) 今日は映画を見るつもりはありません
   I _____ the movie today.

＊答え＊
1) will help   2) leaves
3) am leaving （もしくは am going to leave）
4) is going to give   5) will come
6) are coming   7) am not going to watch

127

第11章： 「助動詞」の和英文法

助動詞が持つ2つの働き

次の2つの日本語文を英訳すると、どうなる？

彼はフランス語を**話せる**
彼はフランス語を**話せるかも**

上の例文の1番目は、「フランス語を話せる」という**事実**を述べていますよね。この場合、can を使って次のように英訳します。

He **can speak** French.

一方、2番目の例文は、「フランス語を話せる**可能性**がある」と言っています。これは、「フランス語を話せる」ということが事実だと認識しておらず、話し手の推量（もしくは判断）を伝えています。

英語でこの**推量**の働きを表すには、can の代わりに **could** を使います。そのため、2番目の例文は次のように英訳します。

He **could speak** French.

一般的に、「could＝**過去**」と思いがちですが、この could は「話せ**た**」という過去の能力を表していません。日本語の「**～かも**（しれない）」という、**「現在」**や**「未来」**の**可能性**を表します。

もちろん、「子供の頃」など、過去を表す言葉が一緒に使われていれば、「話せ**た**」という過去の能力を表すことができます。

He **could speak** French when he was a child.
*子供の頃、彼はフランス語を**話せた***

つまり、助動詞の **can** と **could** の間には、**2つの関係**が成り立つことが分かりますよね。1つは、「～でき**る**」⇔「～でき**た**」という、**「現在」⇔「過去」**の**時間的なシフト**です。もう1つは、「～でき**る**」⇔「～できる**かも**」という、**「事実」⇔「推量」**の**事実性のシフト**です。

この事をイメージ図で表すと、次のようになります。

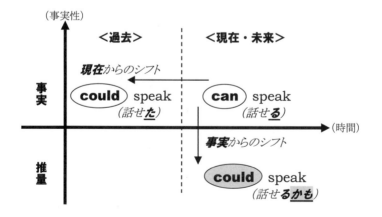

129

つまり、「could は、can の過去形」と考えると、時間的なシフトだけをとらえることになるので、could の全体像が見えてきません。("過去形"という言葉は誤解を与えやすいので注意です。)

この事は、**could** だけでなく、**should**、**might**、**would** などでも同じです。次の例文を比べてみましょう。助動詞の形は違いますが、どちらも現在・未来の内容です。

Only children **may enter** this room today.
*今日は子供だけが、この部屋に**入ってよい***

Only children **might enter** this room today.
*今日は子供だけが、この部屋に**入るかも**(しれない)*

助動詞が持つ「固有の意味」と「推量の意味」

助動詞には、それぞれ「固有の意味」と、「推量の意味」があります。主なものをまとめると、次のようになります。

固有の意味			推量の意味	
can	能力	〜できる	could	〜かもしれない
will	未来	〜でしょう	would	
may	許可	〜してよい	might	
must	義務	〜しなければ ならない	must	〜に違いない
should	義務	〜すべきだ	should	〜のはずだ

130

上に挙げた助動詞は、その「形」に関わらず、全て**現在**か**未来**の事を表します。つまり、could、should、might、would は、「形」としては、過去形と呼ばれますが、必ずしも can、shall、may、will の意味が、過去にシフトした物ではないのです。

そのためそれぞれが、can、shall、may、will とは別の意味を持つ、独立した助動詞だと理解した方が、勘違いをしなくて済むかも知れません。繰り返しになりますが、助動詞の場合、**「過去形＝過去の事」とは限らない**のです。

また英語では、1つの助動詞が様々な意味（＝日本語訳）を持っています。本書では1つ1つ細かく見ていきませんので、辞書で確認することが大切です。

・・発展・・

<< 注意が必要な助動詞 >>

can と may は、そのままの形でも「推量の意味」を表すことがあります。また、must には "過去形" がないので、固有の意味でも、推量の意味でも、同じ形を使います。

should は、shall の "過去形" ですが、ほぼ完全に独立した助動詞になっていると言えます。shall は、今では「Shall I 〜？（私が〜しましょうか？）」や、「Shall we 〜？（一緒に〜しましょう）」などの決まり文句を除いて、あまり使われません。（特にアメリカ英語では。）

疑問形の「Can I 〜？」や「May I 〜？」は、「〜してもよいですか？」という**許可**を求める表現で、「Can you 〜？」や「Will you 〜？」は、「〜してくれませんか？」という**依頼**の表現になります。

助動詞はたくさんの意味を持っているので、それぞれ辞書で確認することが大切です。

「固有の意味」を表す助動詞の時制

次の2つの文の「旅行」は、いつの事？

旅行中、彼はフランス語を話さなければ**ならない**
旅行中、彼はフランス語を話さなければ**ならなかった**

例文の1番目の旅行は、現在もしくは未来の事で、2番目では過去の事ですよね。これは、42 ページで見た「〜するところ**だ**」と「〜するところ**だった**」の場合と、考え方は同じです。

一方、英語では、128 ページで見たように、助動詞の**過去形**が必ずしも**過去の事**を表すわけ**ではない**のです。それでは英語では、どう過去の事を表すのか、助動詞ごとに見ていきましょう。

＜must の過去＞

英語で、現在もしくは未来の義務を表すのは must なので、上の例文の1番目は、次のように英訳できます。

He **must speak** French during his trip.

しかし2番目の例文の場合、must には過去形がないので、**have to に言い換え**をして、その過去形を使います。

He **had to speak** French during his trip.

＜may の過去＞

must と同じことが、may にも言えます。may には、might という形がありますが、この形では「推量の意味」になってしまうのが普通です。そこで言い換えをして、**be permitted to** という形を過去形で使います。

Only children **were permitted to enter** this room yesterday.
昨日は子供だけが、この部屋に入ってよかった
（＝入ることが許された）

＜will の過去＞

「固有の意味」の will が過去形になる時とは、いわゆる、**「時制の一致」** が起こる場合が挙げられます。これは、過去の話をしている時に、その時点ではまだ起こっていない事柄について述べる場合です。

Today's forecast **says** that it **will rain** heavily.
今日の予報では雨が激しく降ると言っている

Yesterday's forecast **said** that it **would** rain heavily.
昨日の予報では雨が激しく降ると言っていた

＜can の過去＞

既に見たようにcanだけは、**could**という過去形が、**過去**の「能力」(＝固有の意味)を表すことができます。ただしcouldには、**現在**や**未来**の「可能性」(＝推量の意味)もあるので、「could＝過去の出来事」と自動的に考えてはいけません。「〜でき**た**」なのか、「〜できる**かも**(しれない)」なのかを、見分ける必要があります。

He **could speak** French when he was a child.
*子供の頃、彼はフランス語を話せ**た*** (＝ **過去**の「能力」)

Maybe he **could speak** French.
*たぶん彼ならフランス語を話せる**かも*** (＝ **現在**の「可能性」)

＜should の過去＞

そもそも、should は shall の過去形です。そのため、shouldをさらに過去形にすることはできません。そこで、「should ＋ **完了形**」で代用します。

He **should buy** that car.
*彼はあの車を買うべき**だ***

He **should have bought** that car.
*彼はあの車を買うべき**だった*** (のに買わなかった)

このように見てくると、**助動詞の「過去形」**が実際に「**過去**」を表すのは、事実上、**could だけ**であることが分かりますよね。つまり、could が例外なのです。

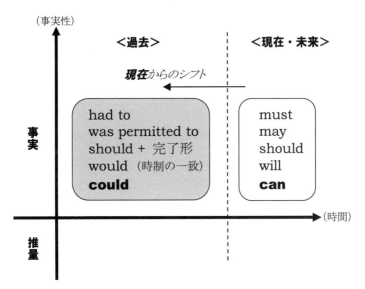

（注： 上の was は、主語が複数形であれば were になる）

< 確認問題 >
次の日本語文の英訳として、正しいのはどちらか考えてみましょう。
 1 彼は一生懸命に勉強をしなければならなかった
   He **must study** hard.
   He **had to study** hard.
 2 彼女はプロの歌手に違いない
   She **must be** a professional singer.
   She **had to be** a professional singer.

135

3 あの少年はとても速く泳げる

That boy **can swim** very fast.

That boy **could swim** very fast.

4 あの少年はとても速く泳げるかも知れない

That boy **can swim** very fast.

That boy **could swim** very fast.

5 私たちは早く起きるべきだった

We **should get** up early.

We **should have got(ten)** up early.

6 君はこの本を読むべきだ

You **should read** this book.

You **should have read** this book.

7 もう家に帰ってもよい

You **may go** home now.

You **might go** home now.

< 答え >

1 had to study	2 must be
3 can swim	4 could swim
5 should have got(ten)	6 should read
7 may go	

「～できた」で、よくある間違った英訳

次の日本語文の英訳が間違っている理由は？

昨日トムから車を**借りることができた**

(×) Yesterday, I **could borrow** a car from Tom.

136

上の英訳を見る前に、まず、**現在形**の文を考えてみましょう。

I **can borrow** a car from Tom.
*私はトムから車を借りることが**できる***

この文では、実際に今トムから車を借りていると言っているのではありませんよね。「もし借りようと思えば、いつでも借りることが可能だ」という意味です。つまり、**can** とは、**可能な状態**を表す言葉です。実際に借りるかどうかは問題ではありません。

この can が過去を表した場合も同じです。過去における可能な状態、つまり、「もし借りようと思えば、**いつでも可能だった**」ということを表すのが **could** です。この場合も、ある時点で実際に借りたか借りなかったかは関係がありません。

ここで先の日本語文を見直してみましょう。「昨日トムから車を借りることができた」というのは、**実際に借りた**ことを表しています。これは、可能な状態を表しているのではなく、実際の**1回の出来事**です。そのため、could を使うのは不適切なのです。この場合には、「**be able + to 原形**」を過去形にして英訳します。

(○) Yesterday, I **was able to borrow** a car from Tom.

また、could が**否定文**で使われた場合には、「もし借りようと思っても、**いつでも不可能だった**」ということになります。当然、実

137

際に借りられたことは**一度もない**のです。そのため、**否定文で**は1回の出来事を could not で表すことができます。

昨日トムから車を**借りられなかった**
（○）Yesterday, I **could not** **borrow** a car
from Tom.

このように、過去の「（実際の）1回の出来事」を述べる場合、肯定文だと could は使えませんが、否定文では could not を使うことができるので、注意が必要です。

「推量の意味」を表す助動詞の時制

次の2つの日本語文を英訳すると、どうなる？

彼は10分でそこに到着**するはずだ**
彼はもうそこに到着**したはずだ**

上の2つの日本語文では、どちらも、「はずだ」と言っているので、「推量の意味」を表しています。英語であれば、これは should の働きですよね。また、1番目の日本語文の「10分で到着**する**」は、**未来の内容**です。（および、それに関する現在の推量。）そのため、「should + **原形**」を使って、次のように英訳します。

> He **should arrive** there in 10 minutes.

一方、2番目の「もう到着**した**」は、**過去の内容**です。（より正確には、現在までに完了している出来事。および、それに関する現在の推量。）そのため、英語では、「should ＋ **完了形**」を使って、次のように表します。

> He **should have arrived** there by now.

should に限らず、**「推量の意味」**で使われる助動詞は、**過去**を表すのに「助動詞 ＋ **完了形**」を使います。

このことを、イメージ図で表せば、次のようになります。

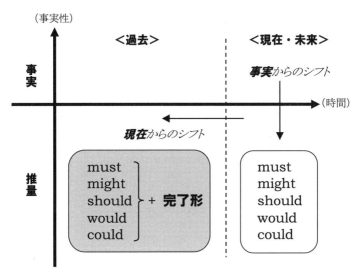

139

また、「助動詞 + 完了形」は、助動詞と**現在完了**(☞ p. 90)が合わさった意味の場合もあるので注意が必要です。(特に状態動詞(☞ p. 17)の場合。)その違いは、一緒に使われる「時」を表す言葉から分かります(☞ p. 79)。

He **must have known** her at that moment.
*彼はその時点で彼女を知っていた**た**に違いない*（**過去**＋推量）

He **must have known** her since last year.
*彼は去年から彼女を知ってい**る**に違いない*（**現在完了**＋推量）

< 確認問題 >
次の日本語文の英訳として、正しいのはどちらか考えてみましょう。
1 彼は一生懸命に勉強しなければならない
　　He **must study** hard.
　　He **must have studied** hard.
2 彼女はプロの歌手だったに違いない
　　She **must be** a professional singer.
　　She **must have been** a professional singer.
3 あの少年はとても速く泳げた
　　That boy **could swim** very fast.
　　That boy **could have swum** very fast.
4 あの少年はとても速く泳げたかも知れない
　　That boy **could swim** very fast.
　　That boy **could have swum** very fast.
5 君はこの本を読むべきだったのに
　　You **should read** this book.
　　You **should have read** this book.
6 彼は家に帰ったかもしれない
　　He **might go** home.
　　He **might have gone** home.

<答え>
1 must study
2 must have been
3 could swim
4 could have swum
5 should have read
6 might have gone

まとめ

助動詞には、「固有の意味」と「推量の意味」の2つがあります。この違いによって、**「過去」の表し方が違う**ので注意が必要です。また、助動詞には様々な意味（＝日本語訳）があるので、辞書で確認することが大切です。

この章で見たことをまとめると、次のようになります。

1) 助動詞の "過去形" は、必ずしも**時間的なシフト**だけを表すのではなく、**事実性のシフト**も表す。

2）助動詞には「固有の意味」と「推量の意味」の2つがある。

固有の意味			推量の意味	
can	能力	～できる	could	～かもしれない
will	未来	～でしょう	would	
may	許可	～してよい	might	
must	義務	～しなければ ならない	must	～に違いない
should	義務	～すべきだ	should	～のはずだ

3）「**固有**の意味」では、"過去形" が**過去**を表すのは事実上、couldだけである。

   ＜現在・未来＞   **＜過去＞**
    must ⇔ had to
    may   ⇔ was/were permitted to
    should ⇔ should + 完了形
    will   ⇔ would（時制の一致で使用）
    can   ⇔ could

4）「**推量**の意味」では、「助動詞 + **完了形**」を使って**過去**を表す。（ただし、現在完了を表す場合もあるので注意。）

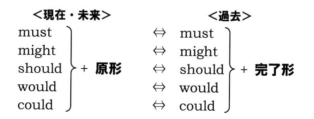

142

＊練習問題＊

次の日本語文を英訳しなさい。ただし、(　　)内に動詞が与えられている場合には、その動詞を使いなさい。

1) もっとケーキを買っておくべきだった
2) 彼は病気だったに違いない
3) アンナは今クッキーを焼いているところかもしれない
4) この課題を明日までに終えなければならない
5) 子供たちはもう学校に着いているはずだ
6) 先週私は泳いで川を渡ることができた　（swim across）
7) トムは仕事でパリへ行ったかもしれない
8) 私は、彼が私に電話すると思った
9) 彼はいま忙しいに違いない
10) 3時間でこの本を読まなければならなかった

＊答え＊

1) I should have bought more cake.
2) He must have been sick.
3) Anna might be baking cookies now.
4) I must finish this assignment by tomorrow.
5) The children should have already arrived at school.
6) I was able to swim across the river last week.
7) Tom might have gone to Paris on business.
8) I thought (that) he would call me.
9) He must be busy now.
10) I had to read this book in three hours.

第１２章： 「～している」「～しています」の英訳パターン ③

「～している」の英訳６：　結果状態を表す「be + p.p.形」

次の２つの日本語文では、門は動いている？動いていない？

　　門は<mark>ゆっくりと</mark>**閉まっている**
　　門は<mark>きっちりと</mark>**閉まっている**

上の１番目の日本語文では、今、門は閉まっている最中で、動いていますよね。しかし、２番目の文では、門は既に閉まった後で、今は１ミリも動いていません。どちらも同じ「閉まっている」なのに、どうして、このような違いが出るのでしょうか。

これは、「ゆっくり」と「きっちり」という言葉の違いによるものです。

「ゆっくり」とは、**動作**がどんな様子なのかを描写する言葉です。つまり、この場合の「閉まっ**ている**」は、閉まる動作が**「進行中」**であることを表す「～している」です。（いわゆる「現在進行形」です。） そのため、例文の１番目では、門が動いているのです。

これに対して**「きっちり」**とは、隙間やズレがないことを意味しますよね。これは、門が閉まった後で、門がどんな**状態**にあるか

を描写する言葉です。つまり、この場合の「閉まっ**ている**」は、閉まった後の状態を表す「〜している」です。これを、「**結果状態**」と言います。そのため、例文の2番目では、門が動いていないのです。

一方、英語では、**進行中の動作**は「**be + ing 形**」で表しますが、**結果状態**は「**be + p.p.形**」で表します。そのため、上の2つの日本語文を英語にすると、次のような違いが出ます。

門はゆっくりと**閉まっている**

= The gate **is closing** slowly.

（→　閉まる動作が**進行中**）

門はきっちりと**閉まっている**

= The gate **is** tightly **closed**.

（→　閉まった**後の状態**）

この「**p.p.形**」は、**形容詞**と同じ働きをします。形容詞の働きの1つは、名詞が「どんな状態にあるか」を説明することです。（そのため、上の2番目の英訳では、tightly という副詞が、p.p.形の前に置かれているのです。）

また、結果状態を表す「p.p.形」は、普通の形容詞と同じなので、補語を取る動詞（例えば seem や look など）であれば、be 以外の動詞とも一緒に使えます。（進行形の「ing形」は、beとしか一緒に使えません。）

The gate **seems** closed.
*門は閉まっている***ようだ**（→ 結果状態を表す「p.p.形」）

日本語の**「〜している」**が、英語では結果状態を表す**「p.p.
形」**を取るものには、次のような言葉がある（☞ p. 22 参照）。

壊れている （broken）　　　融けている （melted）
凍っている （frozen）　　　破れている （torn）
消えている （erased）　　　鍵のかかっている （locked）
失っている （lost）　　　　閉まっている （closed）
　　　　　　　　　　　　　　　　　など

このように、結果状態を表す場合の「be ＋ p.p.形」は、「〜（さ）
れる」という意味の「受動文」とは違うので、注意が必要です。あ
くまでも**受動文は動作**を表します。また多くの場合、行為者を表
す by と一緒に使われます。

The gate **is closed** by the guard, at seven
o'clock every night.
*門は毎晩7時に守衛によって***閉められる**（→ 受動文）

< 確認問題 >
次の日本語文の英訳として、正しいのはどちらか考えてみましょう。
1) この時計は壊れている
   This clock **is breaking**.
   This clock **is broken**.
2) 守衛が門を閉めている
   The guard **is closing** the gate.
   The guard **is closed** the gate.
3) 少年が壁の落書きを消している
   The boy **is erasing** the doodles on the wall.
   The boy **is erased** the doodles on the wall.
4) 壁の落書きが完全に消えている
   The doodles on the wall **are** completely **erasing**.
   The doodles on the wall **are** completely **erased**.

< 答え >
1) is broken   2) is closing
3) is erasing   4) are / erased

「〜している」で、よくある間違った英訳

次の日本語文の英訳は間違っています。その理由は？

私はその結果に**満足している**
(×) I **am satisfying** with the result.

「満足し**ている**」と言った場合も、満足に至る途中の段階（＝進

147

行中)を意味しませんよね。既に満足に達し、その**後の状態**(いわば、余韻のようなもの)が今でも続いていることを表します。そのため、英語では**結果状態**を表す「**p.p.形**」を使います。

(○) I **am satisfied** with the result.

結果状態を表す「p.p.形」(☞ p. 146)の他にも、**驚き・喜び・満足・失望**など、心理を表す動詞も同じ使われ方をします。(この場合、その心理状態にある「人」が、主語になります。)

日本語では「**〜している**」の形でも、英語では「**p.p.形**」で主語の心理を表すものには、次のような言葉がある。

驚いている (surprised)　　面白がっている (amused)
疲れている (tired)　　　　退屈している (bored)
興奮している (excited)　　怖がっている (frightened)
喜んでいる (pleased)　　　満足している (satisfied)
失望している (disappointed)
イライラしている (annoyed)

など

これまで見てきたように、「**p.p.形**」**の主語**は、その心理を「**受ける人**」です。しかし、人にその心理を与える「**原因**」(となる人や物)**が主語**の場合には、「p.p.形」ではなく「**ing形**」を使います。(この「ing形」は、日本語の「〜させる」に相当します。)

148

その結果は私にとって満足のいくものだった
　　（＝その結果は私を**満足させる**ものだった）

（○）The result was **satisfying** to me.
　　→　この ing 形も形容詞の働き。進行形ではない

＜　確認問題　＞
次の日本語文の英訳として、正しいのはどちらか考えてみましょう。
　1）私たちはその知らせを聞いて興奮している
　　　We are **exciting** to hear the news.
　　　We are **excited** to hear the news.
　2）試合は興奮するものだった
　　　The game was **exciting**.
　　　The game was **excited**.
　3）子供たちは退屈している
　　　The children are **boring**.
　　　The children are **bored**.
　4）その映画はつまらない
　　　The movie is **boring**.
　　　The movie is **bored**.
　5）あの騒音はうっとうしい
　　　That noise is **annoying**.
　　　That noise is **annoyed**.
　6）私はあの騒音に困っている
　　　I am **annoying** with that noise.
　　　I am **annoyed** with that noise.

＜　答え　＞
　1）excited　　　　　　2）exciting
　3）bored　　　　　　 4）boring
　5）annoying　　　　　6）annoyed

次の文では、実際に旅行している？

　　(もし、できるものなら)今、ヨーロッパを**旅行している**

上の例文では、「できるものなら」と言っているので、仮想の話ですよね。その仮想の世界では、「今、旅行している」という意味なので、現実の世界では旅行していませんよね。

そのため、この「〜している」「〜しています」は、**反事実**を表しています。(反事実を表す場合、日本語では、「のに」や「だろう」という言葉を付けて、「旅行している**のに**」や「旅行している**だろう**」と表現することができます。)

反事実の話を仮に想像することを、**反実仮想**(＝仮定法)といいます(☞ p. 209)。**現在**の内容の反実仮想は、「**助動詞の過去形**」を使って表現します。(多くの場合、**would** が使われます。)この would が、日本語の「のに」や「だろう」に相当します。

I **would be travelling** in Europe now (if possible).
　*(できるものなら)今、ヨーロッパを**旅行している**（だろう）*

日本語では、「のに」や「だろう」を使うと、意味がより明確になりますが、絶対に必要というわけではありません。しかし、英語で

反実仮想を表すためには、would は必須です。この反実仮想については、第17章で詳しく見ていきます。

まとめ

第2章と第3章では、日本語の**「～している」**や**「～しています」**という動詞の形が持つ働きを、5つ見ました。大切なことは、必ずしも日本語の「～している＝現在進行」ではない、という点です。

今回はその延長で、日本語では「～している」でも、英語では**「be + ing 形」**にならない例を、さらに2つ見ました。1つが**「結果状態」**で、もう1つが**「反実仮想」**です。

この章で見たことをまとめると、次のようになります。

<u>「～している」「～しています」の英訳パターン ③</u>

6) **結果状態** ＝ **「be + p.p.形」**

① 主に**変化**を表す動詞

門はきっちりと**閉まっ<u>ている</u>**

＝ The gate **is** tightly **closed**.

② **心理**を表す動詞

私はその結果に**満足し<u>ている</u>**

＝ I **am satisfied** with the result.

> 7) **反実仮想　=　「助動詞の過去形」**
>   （できることなら）今、ヨーロッパを**旅行して<u>いる</u>（だろう）**
>   = I **would be travelling** in Europe now (if possible).

＊練習問題＊

次の日本語文を英訳しなさい。ただし、（　　　）内に動詞が与えられている場合には、その動詞を使いなさい。

1) 池が完全に凍っています
2) 少女はその犬を怖がっています
3) （できるものなら）家で寝ているのに
4) 多くの人が咳をしています　（cough）
5) 私はお酒を止めています　（give up）
6) このドアにはカギがかかっています
7) トムの娘たちは小学校に通っています
8) みんな疲れています

＊答え＊

1) The lake is completely frozen.
2) The little girl is frightened of the dog.
3) I would be sleeping at home (if possible).
4) Many people are coughing.
5) I have given up drinking.

6) This door is locked.
7) Tom's daughters go to elementary school.
8) Everybody is tired.

・・発展・・

<<　結果状態　>>

（以下は技術的なことなので、興味のない読者の方は飛ばしてください。）

英語の「be + p.p.形」が結果状態を表すのは、主に変化動詞（☞ p. 66）の場合です。そのため、「門はゆっくりと閉まっている」と言った場合、本文では「進行中の動作」と言いましたが、より正確には「変化点への接近」を表します。

また、結果状態は、「have + p.p.形」が表す完了後の段階に続く状態と言えます。つまり、「have + p.p.形」が動作や変化を強調するのに対して、「be + p.p.形」は、その後の状態を強調します。

＜変化の完了＞		＜結果状態＞
The gate **has closed**.	→	The gate **is closed**.
門が閉まった		*門が閉まっている*
The car **has stopped**.	→	The car **is stopped**.
車が止まった		*車が止まっている*

また、変化を表す動詞、心理を表す動詞の他にもう1つ、日本語の「～している」が、英語では結果状態の「be + p.p.形」になる動詞があります。それは、「他動詞 + oneself」で自動詞のような働きをするものです。

＜動作＞		＜結果状態＞
He **seated himself** on a chair.	→	He **was seated** on a chair.
彼はイスに座った		*彼はイスに座っていた*

このタイプの動詞には、次のようなものがあります。

着ている（be dressed in）　　　　従事している（be engaged in）
専念している（be committed to）　慣れている（be accustomed to）
関連している（be associated with）

など

153

第13章： 「～していた」「～していました」の英訳パターン

過去完了を表す「～していた」

次の2つの日本語文では、どちらも「**～していた**」と言っています。しかし、1番目の英訳の **was playing** は正解ですが、2番目の英訳の **was finishing** は間違いです。その理由は？

（トムが家に戻った時）
 アンナはピアノを**弾いていた**
 （○） Anna **was playing** the piano.

（トムが家に戻った時）
 アンナは洗濯を**終えていた**
 （×） Anna **was finishing** the laundry.

1番目の例文は、アンナがピアノを弾いている**最中**に、トムが家に戻って来た、という意味ですよね。つまり、この「弾い**ていた**」は、過去における進行中の動作を表しています。そのため、「**be + ing 形**」の be を**過去形**にした、was playing が正しい動詞の形です。（これを**過去進行形**と言います。）

一方、2番目の例文では、トムが家に戻った時には、洗濯は既に**完了**していますよね。つまり、この「終え**ていた**」は、過去の一

時点(=トムの帰宅時)までに完了している動作を表しています。そのため、**「have + p.p.形」**の have を**過去形**にした、had finished という形を使う必要があります。(これを**過去完了形**と言います。)

(When Tom came home,)
Anna **had** (already) **finished** the laundry.

第7章・第8章で見たように、現在完了は、現在までに実現している出来事を表します。そのため、実際にその出来事自体が起こるのは、「過去」においてです。

一方、**過去完了**は、**過去の一時点**までに実現していた出来事を表します。つまり、過去の一時点(=トムの帰宅時)よりも、**さらに前の過去**(=洗濯の終了時)が存在します。この「過去」より「さらに前の過去」のことを**「大過去」**と言います。

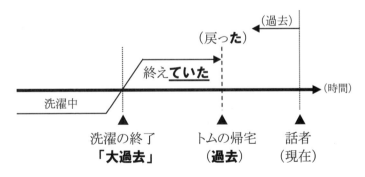

「アンナが洗濯を終え**た**」のも、「トムが家に戻っ**た**」のも、**どち**

らも過去の出来事には違いありません。しかし、2つの出来事には**時間的なズレ**があります。このような場合に、より昔の出来事を、過去完了（＝「終え**ていた**」）を使って表します。

これに対して、1番目の例文のように、過去に起こった2つの出来事が、**同時**の場合（もしくは、**時間的に重なる**部分がある場合）には、過去進行を使います。（ただし、「had ＋ p.p.形」の「継続」の用法の場合は例外です（☞ p. 161）。）

< 確認問題 >
次の「〜していた」や「〜していました」は、「過去進行」か、それとも「過去完了」かを判断して、英訳として正しいのはどちらか考えてみましょう。（もし2つの出来事に時間的なズレがあれば、過去完了です。）

1 （私が家に戻ると）子供たちは部屋で本を読んでいた
　 The children **were reading** the book in their room.
　 The children **had read** the book in their room.

2 （プレゼントしようと思ったら）トムは以前にその本を読んでいた
　 Tom **was reading** the book before.
　 Tom **had read** the book before.

3 （初めてかと思ったのですが）アンナはパリを二度訪れていました
　 Anna **was visiting** Paris twice.
　 Anna **had visited** Paris twice.

4 （私が電話した時）アンナはパリを訪れていました
　 Anna **was visiting** Paris.
　 Anna **had visited** Paris.

5 （電話をもらった時には）飛行機は空港に到着していた
　 The airplane **was arriving** at the airport.
　 The airplane **had arrived** at the airport.

6 （私が入り口を見た時には）招待客が次々に到着していた
　 The guests **were arriving** one after another.
　 The guests **had arrived** one after another.

「〜している」の働きを「過去」にシフト

本書の第2章・第3章・第12章では、日本語の「〜し**ている**」や「〜し**ています**」という動詞の形が持つたくさんの働きのうち、主な7つを見ました。同じ働きのまま、時間を**現在から「過去にシフト」**させたのが、「〜し**ていた**」や「〜し**ていました**」です。そのため、まとめると次のようになります。(つまり、必ずしも「(日本語の)〜していた＝(英語の)過去進行形」とは限らないのです。)

1) 過去進行
　　アンナはピアノを**弾いていた**
　　＝ Anna **was playing** the piano.

2)「状態」を表す動詞
　　当時、トムはパリに**住んでいた**
　　＝ Tom **lived** in Paris at that time.
　　　（注：　一定期間、動作が継続することを
　　　　　　　前提とする動詞(☞ p. 17)も含む)

3) 英語の形容詞
　　彼は**喜んでいた**
　　＝ He was **happy**.

4) 過去完了

アンナは洗濯を**終えていた**

= Anna **had** (already) **finished** the laundry.

5) 経歴・習慣

私はよく図書館へ**行っていた**

= I **used to go** to the library.

6) 結果状態

門はきっちりと**閉まっていた**

= The gate **was** tightly **closed**.

7) 過去の反実仮想(☞ p. 213)

彼の助けがなければ、事業に**失敗していた**(だろう)

= I **would have failed** in business without his help.

< 確認問題 >

次の「〜し**ていた**」は、上に挙げた7つの働きのうち、どれかを判断し、次に、英訳として正しいのはどちらか考えてみましょう。

1 池は完全に凍っていました

The lake **was freezing** completely.

The lake **was frozen** completely.

2 多くの人が咳をしていました

Many people **were coughing**.

Many people **coughed**.

3 私の息子はロンドンの小学校に通っていました

My son **was going** to an elementary school in London.

My son **went** to an elementary school in London.

158

4 彼は(もう)お酒を止めていました

He **gave** up drinking.

He **had given** up drinking.

5 窓が開いていた

The window **was opening**.

The window **was open**.

6 可能なら彼に会っていた

I **had seen** him if possible.

I **would have seen** him if possible.

7 アンナは以前よくテニスをしていました

Anna **was playing** tennis before.

Anna **used to play** tennis before.

< 答え >

1 結果状態／was frozen　　2 過去進行／were coughing

3 状態動詞／went （「通う」の意味では、一定期間継続することを
前提とする動詞）　　　　4 過去完了／had given

5 英語の形容詞／was open　6 反実仮想／would have seen

7 過去の習慣／used to play

「知った」と「知っていた」の英訳

次の英訳では、動詞の形が間違っています。その理由は？

私はテレビでその事故について**知った**

（×） I **knew** about the accident on TV.

私はその事故について**知っていた**

（×） I **was knowing** about the accident.

159

日本語の「知る」が、英語の know ならば、「知った」という**過去形**は、**knew** で良さそうな気がしますよね。しかし、上の1番目の英訳は間違いです。これは、どうしてでしょうか。

17 ページでも見たように、動詞は、「動作」と「状態」に大まかに分類することが出来ます。日本語の**「知る」**という動詞は、何かについて情報や知識を「得る」という**動作**を表します。(つまり、「無」から「有」への変化が起こります。)

それに対して英語の **know** は、知識を「得る」という意味ではありません。何らかの知識が**「ある」**という**状態**を表す動詞です。(つまり、何の変化も起こらず、「有」の状態が継続しています。)そのため、「know＝知る」ではなく、**「know＝知っている」**なのです(☞ p. 16)。

英語で「知る」という動作を表すのは、learn という動詞です。つまり、上の1番目の日本語文は、know ではなく **learn** の**過去形**を使って英訳します。

私はテレビでその事故について**知った**
(○) I **learned** about the accident on TV.

それでは次に、2番目の英訳について考えてみましょう。既に見たように、「know＝知っている」なのですから、当然、過去形の **knew** は、日本語の「知った」ではなく、**「知っていた」**に対応します。つまり、この「～している」や「～していた」は、現在進行ではなく、**状態動詞**であることを表しています(☞ p. 16)。そのため、2番目の日本語文は、正しくは次のように英訳します。

私はその事故について**知っていた**

（○）I **knew** about the accident.

このように、**「動作」**と**「状態」**で、**異なる動詞**を使う場合が（数は少ないですが）あります（☞ p. 25）。

さらに、前章でも見たように、**「be ＋ p.p.形」**の形で「結果状態」を表す場合もあるので、注意が必要です。

＜動作＞		＜結果状態＞
壊す（break）	⇔	壊れ<u>ている</u>（be broken）
驚かせる（surprise）	⇔	驚い<u>ている</u>（be surprised）
着せる（dress）	⇔	着<u>ている</u>（be dressed in）
		など

「had ＋ p.p.形」の継続の用法

次の日本語文の英訳が間違っている理由は？

テレビニュースがその事故について報道した時、既に私はそれについて長いこと**知っていた**

（×）When the TV news reported on the accident, I already **knew** about it for quite some time.

156 ページでは、過去の2つの出来事が、**同時**に起こったり、**時間的に重なる**部分があったりした場合に、**過去進行形**を使うと言いましたよね。そして、次の例文を見ました。

> *(When Tom came home)*
> Anna **was playing** the piano.
> *(トムが家に戻った時) アンナはピアノを弾いていた*

この文では、「トムが戻った」時と、「アンナが弾いていた」時には、時間的に重なる部分があります。そのため、過去進行形を使って英訳しました。

それでは、今回の例文はどうでしょうか。この文でも、「ニュースを見た」時と、「知っていた」時には、時間的に重なる部分がありますよね。そのため、過去進行形を使って英訳したくなります。

しかし、日本語の「知っている」は**状態動詞**で、英語では**進行形にはならない**動詞です。そこで、例文にあるように、過去形のknew を使って英訳すれば良さそうですが、それでも間違いです。一体、何がいけないのでしょうか？

日本語文をよく見ると、いくつかキーワードがあります。例えば、**「既に」**や**「長いこと」**です。「既に」は**完了**を表しますし(☞ p. 79)、「長いこと（＝長い間）」は**継続期間**を表します(☞ p. 92)。どちらも現在完了と一緒に使われる言葉でしたよね。

ただし今回は、現在までに完了していたり、現在までの継続期間を述べている訳ではありません。「報道した時」という、**過去の一時点**までに完了していたり、継続していたりする行為です。そ

のため、英訳では「have ＋ p.p.形」の have を過去形にした**過去完了**を使う必要があるのです。

（○） When the TV news reported on the accident, I **had** already **known** about it for quite some time.

もし、「動作」を表す動詞の場合には、「have been ＋ ing 形」（☞ p. 93）の have を過去形にした**過去完了進行形**を使います。

過去完了では「〜していた」が基本的な表現

27 ページで見たように、現在完了には、完了・経験・結果・継続（期間）の4つの用法があります。そして、日本語で**現在完了**を表す代表的な表現には、**「〜している」**と**「〜した」**の2つがありましたよね。

この4つの用法を過去にシフトさせた場合、つまり、**過去完了**では、基本的にすべて**「〜していた」**という形に統一されます。

「〜し**ている** (現在完了)」 → 「〜し**ていた** (過去完了)」

Tom **has watched** the movie before.
 トムはその映画を以前に見**ている**

Tom **had watched** the movie before.
 トムはその映画を以前に見**ていた**

「〜し**た**（現在完了）」 → 「〜し**ていた**（過去完了）」

Spring **has come**.
　　春が来**た**
Spring **had come**.
　　春が来**ていた**

日本語の「**〜していた**」や「**〜していました**」という動詞の形は、「〜している」の働きを過去にシフトさせたものです。「〜している」の働きを理解していれば、難しいことはありませんよね。

この章で見たことをまとめると、次のようになります。

1) **過去完了**は、**過去の一時点**までに実現していた出来事や過去の一時点まで継続していた出来事を表す。この時、過去の一時点よりも、**さらに前の過去**の時間を、**「大過去」**と言う。

2) 過去の2つの出来事において、**時間的なズレ**がある場合に、より昔の出来事を過去完了で表す。

3) 日本語の場合、過去完了は、「〜していた」や「〜していました」の形で表される。英語では**「had + p.p.形」**を使う。

＊練習問題＊

次の「～していた」は、157～158 ページに挙げた7つの働きの
うち、どれかを判断してから英訳しなさい。ただし、(　　)内に
動詞が与えられている場合には、その動詞を使いなさい。

1) 子供のころ、よく叔母の家を訪れていた
2) その少女は母親に全く似ていなかった
3) 彼が電話してきた時、私は車を運転していた
4) 彼が電話してきた時、私は目が覚めていた
5) 彼が電話してきた時、私はロンドンへ向けて出発していた
   (＝leave for London)
6) もし可能なら彼に会っていた
7) 部屋のテレビは壊れていた

＊答え＊

1) 経歴・習慣／I used to visit my aunt's house when I
   was a child.
2) 状態動詞／The girl didn't resemble her mother
   at all.
3) 過去進行／When he called me on the phone, I was
   driving a car.
4) 形容詞　／When he called me on the phone, I was
   awake.
5) 過去完了／When he called me on the phone, I had
   (already) left for London.
6) 反実仮想／I would have seen him if possible.
7) 結果状態／The TV in the room was broken.

第１４章： 「『時』に関する接続詞」の和英文法 ①

「時」と「条件」の区別

次の２つの文の「～したら」を英訳する場合、使う接続詞は何？

宝くじに**当たったら**、たぶん新しい車を買います
太陽が**沈んだら**、今日は急に気温が下がるでしょう

まず１番目の例文ですが、そもそも宝くじとは、当たるかも知れないし、当たらないかも知れないですよね。その上で、**もし**当たった場合には、「車を買う」というのが１番目の文の内容です。つまり、車を買う**前提条件**が、「宝くじに当たったら」ということです。

一方、２番目の例文は、どうでしょうか。太陽が沈むかも知れないし、沈まないかも知れないという解釈は、常識的にあり得ませんよね。この文では、「気温が下がるのは**いつか**」という**時間設定**をしています。そして、気温が下がるのは、「太陽が沈んだら」と言っているのです。

このように日本語の**「～したら」**には、**「条件」**と**「時」**の両方を表す働きがあります。

これに対して英語では、**「条件」**は **if** で表し、**「時」**は **when**

で表すのが基本です。そのため、日本語では同じ「〜したら」でも、英訳すると次のような違いが出ます。

> **If** I win a lottery, I will probably buy a new car.
>
> **When** the sun sets, the temperature will drop rapidly today.

if や when などの接続詞に続く文（＝上の ▒▒▒ の部分）を**従属節**と言います。一方、接続詞を伴わない文（＝上の例文の場合、後半部分）を**主節**と言います。

「〜したら」の他にも、**「時」**と**「条件」**の両方を表す日本語の表現には、**「〜すれば」**がある。

時：
春が**来れば**、この庭にたくさんの花が咲くでしょう
When spring comes, many flowers will bloom in this garden.

条件：
トムが**来れば**、私たちは4人になります
If Tom comes, we will be four people.

ただし、反復行為や、結果が予測できる出来事では、when と if の両方が使え、意味に違いがない場合があります。

このボタンを押せば、ドアが開きます

When you push this button, the door will open.

= **If** you push this button, the door will open.

< 確認問題 >
次の日本語文の「〜したら」や「〜すれば」は、「時」か、それとも「条件」
かを判断して、英訳として正しいのはどちらか考えてみましょう。

1 夏休みが始まったら、旅行に行きます

If the summer vacation starts, I will go on a trip.

When the summer vacation starts, I will go on a trip.

2 雨が降ったら、バーベキュー・パーティーは延期されます

If it rains, the barbecue party will be postponed.

When it rains, the barbecue party will be postponed.

3 7時に家を出れば、電車に間に合うでしょう

If we leave home at seven, we will catch the train.

When we leave home at seven, we will catch the train.

4 18歳になれば、車の免許が取れます

If you turn 18, you can get a driver's license.

When you turn 18, you can get a driver's license.

< 答え >
1 When   2 If   3 If   4 When

・・発展・・
<< 英語の従属接続詞 >>

英語の接続詞には、等位接続詞と従属接続詞の2種類があります。等位接続詞
とは、and、but、or、nor などです。一方、従属接続詞（として働くもの）は、大
まかに、次の4つに分類できます。

168

> **「時」に関するもの**：
>   when／before／after／while／as soon as／until など
>
> **「条件」に関するもの**：
>   if／unless／as long as／in case など
>
> **「原因・理由」に関するもの**：
>   because／since／as など
>
> **「譲歩」に関するもの**：
>   though／although／even though など

「～する前に」という表現で、よくある間違った英訳

> 次の日本語文の英訳は間違いです。その理由は？
>
>   昨日はテレビを**見る**前に宿題を終わらせました
>   （×）Yesterday, I finished my homework before I
>   **watch** TV.

上の例文では、テレビの視聴も、宿題の終了も、どちらも**「昨日の出来事」**（＝過去）ですよね。それにも関わらず、日本語では「テレビを見**た**」ではなく、「見**る**」という動詞の形を使います。

日本語では、「時」の従属節（＝上の　　　　の部分）で使われる「～する」や「～した」は、基本的に主節との**前後関係**を表します。

169

（言い換えれば、この「見る」は「開始前」の段階（☞ p. 36）を表しています。）このことをイメージ図で表すと、次のようになります。

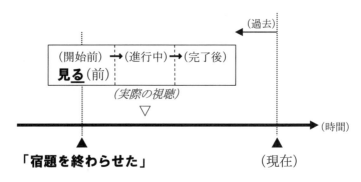

「宿題を終わらせた」

上の図からも分かるように、「宿題の終了」も「テレビの視聴」も、**両方とも過去**の出来事です。ただし、宿題を終わらせたのは、「テレビを見る**前の段階**においてだった」ということです。つまり、この「見る」は、「宿題→テレビ」の順番で出来事が起こったという**前後関係**を表しているのです。

このように、「時」の従属節の中で使われる「〜する」や「〜した」は、過去・現在・未来という**「時間」を表さない**ことがあります。そのため、例文の「見る」をそのまま「watch」と英訳すると間違いになるのです。この文では、**過去の話**をしているので、英語ではあくまでも**過去形**を使う必要があります。（日本語では、過去の話であっても、決して「テレビを見**た**前に」とは言いません。）

昨日はテレビを**見る**前に宿題を終わらせました

（○）Yesterday, I finished my homework before I **watched** TV.

170

「**時**」**の従属節**で使われる日本語の「**～する**」は、現在や未来という「時間」を表さないことがある。その場合、主節の内容が、**従属節よりも「前」**に起こるという前後関係を表す。

＜ 確認問題 ＞
次の日本語文の英訳として、正しいのはどちらか考えてみましょう。
 1 彼が**来る**まで、私達はカフェで待っていた

   We waited in a café until he **comes**.

   We waited in a café until he **came**.

 2 電車に**乗る**前に、アンナはトムに電話した

   Anna called Tom before she **gets** on the train.

   Anna called Tom before she **got** on the train.

＜ 答え ＞
 1 came　　　2 got

「～している時に」という表現で、よくある間違った英訳

次の日本語文の英訳は間違いです。その理由は？

　昨日アンナがピアノを**弾いている**時にトムから電話があった

（×） Yesterday, Anna received a call from Tom while she **is playing** the piano.

上の日本語文では「昨日」と言っているので、これも**過去**の話ですよね。それにも関わらず、英訳では **is** playing という現在進行形を使っているので、間違いです。正しくは、「be + ing 形」の **be** を**過去形**にします(＝過去進行形)。

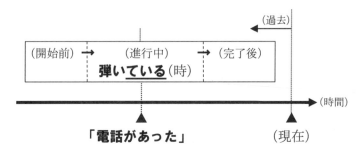

昨日アンナがピアノを**弾いている**時にトムから電話があった

(○)　Yesterday, Anna received a call from Tom while she **was playing** the piano.

「時」の従属節で使われる日本語の**「〜している」**は、現在進行を表さないことがある。その場合、従属節の内容が、**主節**と**「同時」**に起こるという前後関係を表す。

この場合、動作動詞は進行形で用いられ、状態動詞(☞ p. 15)は単純形で用いられるのが基本。

< 確認問題 >
次の日本語文の英訳として、正しいのはどちらか考えてみましょう。
1 パリに**住んでいる**時、トムはよく旅行に行った

Tom often went on a trip when he **lives** in Paris.

Tom often went on a trip when he **lived** in Paris.

2 子供たちが**寝ている**間に、アンナは洗濯をした

Anna did laundry while her children **are sleeping**.

Anna did laundry while her children **were sleeping**.

< 答え >
1 lived   2 were sleeping

「〜した後で」という表現で、よくある間違った英訳

次の日本語文の英訳は間違いです。その理由は？

今夜は夕飯を**食べた**後で映画に行きます

(×) Tonight, I am going to the movies after I **ate** dinner.

上の日本語文では「今夜」と言っているので、今度は**未来**の話です。そのため、従属節の「食べた」は過去ではなく、**「完了後」**の段階を表しています。(つまり、「食事→映画」という順番を表すための「〜した」です。)それにも関わらず、英訳では ate という過去形を使っているので、間違いなのです。(日本語では、未

173

来のことであっても、決して「食べる後で」とは言いません。）

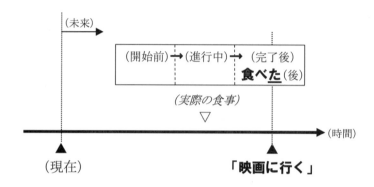

(未来)

(開始前) → (進行中) → (完了後)
食べた(後)

(実際の食事)
▽

(時間)

▲
(現在)

▲
「映画に行く」

ただし、ここで1つ注意点があります。英語の場合、**未来の内容**であっても、「時」の従属節の中では、will を使いません（☞ p. 178）。この時には、**現在形**を使います。（本来、「完了後」の段階を表すのは「have + p.p.形」ですが、前後関係に曖昧さが出ない場合には、単純形（☞ p. 51）で代用できます。）

今夜は夕飯を**食べた**後で映画に行きます

(○)Tonight, I am going to the movies after I **eat** dinner. （＝after I have eaten dinner）

「時」の従属節で使われる日本語の**「〜した」**は、過去を表さないことがある。その場合、主節の内容が、**従属節よりも「後」**に起こるという前後関係を表す。

174

次の日本語文の英訳として、正しいのはどちらか考えてみましょう。
1　その本を**見つけた**らすぐに、知らせます　（☞ p. 193）

　　I will let you know as soon as I **find** that book.

　　I will let you know as soon as I **found** that book.

2　ニュースを**見た**後で、トムは散歩に出かけるつもりです

　　Tom is going out for a walk after he **watches** the news.

　　Tom is going out for a walk after he **watched** the news.

　＜　答え　＞
　1　find　　　　　2　watches

まとめ

これまで本書では、日本語の「～する」「～している」「～した」には、次の3つの働きがあることを見ました。

　1)　過去・現在・未来という**「時間」**を表す
　2)　開始前・進行中・完了後という**「段階」**を表す
　3)　主節の内容が、従属節よりも前・同時・後という**「前後関係」**を表す

一方、英語の場合、**過去形**や**現在形**が**「時間」**を表し、**進行形**や**完了形**が**「段階」**を表し、**「before / while / after」**が**「前後関係」**を表します。そのため、日本語の「～した＝過去形」や「～する＝現在形」と単純に考えると、間違ってしまいます。

この章で見たことをまとめると、次のようになります。

1) 日本語の「〜したら」や「〜すれば」は、**条件**と**時間**の両方を表す。しかし英語では、条件は **if**、時間は **when** を使うのが基本。

　　宝くじに**当たっ**<u>たら</u>、たぶん新しい車を買います
　　＝ **If** I win a lottery, I will probably buy a new car.

　　太陽が**沈ん**<u>だら</u>、今日は急に気温が下がるでしょう
　　＝ **When** the sun sets, the temperature will
　　 drop rapidly today.

2) 従属接続詞とそれに続く文を**従属節**と言い、接続詞を伴わない文を**主節**と言う。

3)「時」の従属節の中で使われる日本語の「〜する」「〜している」「〜した」は、過去・現在・未来という「時間」を表さないのが基本。これらは、主節の出来事が従属節よりも**「前」**か**「同時」**か**「後」**か、という**前後関係**を表す。

4) **過去**の内容を表す文で、「時」の従属節に「〜する」や「〜している」が使われている時、**現在形**や**現在進行形**を使うと**間違い**になる。過去の内容には過去（進行）形を使う。

　　昨日はテレビを**見る**前に宿題を終わらせました
　　（×） Yesterday, I finished my homework before
　　 I **watch** TV.

（○）　Yesterday, I finished my homework before I **watch<u>ed</u>** TV.

5) **未来**を表す内容の文で、「時」の従属節に「〜した」が使われている時には、**過去形**を使うと**間違い**になる。(ただし、未来の内容でも will は使わず、現在形を使う(☞ p. 178)。)

今夜は夕飯を**食べた**後で映画に行きます
（×）　Tonight, I am going to the movies after I **ate** dinner.
（○）　Tonight, I am going to the movies after I **eat** dinner.

＊練習問題＊

次の日本語文を英訳しなさい。ただし、(　　　)内に動詞が与えられている場合には、その動詞を使いなさい。

1) ベルが鳴ったら、テストを始めます
2) お宝を見つけたら、どうしますか？
3) 質問があれば、私に聞いてください
4) 夜が来れば、たくさんの流れ星を見ることができます
 （来る＝fall）
5) 家に帰る前に、買い物をしました
6) 家に帰る前に、買い物をするつもりです
7) 彼は食事をしている間、一言も話さなかった(say a word)

8) 彼は食事をしている間、一言も話さないでしょう

9) 報告書を書いた後で、会議に出席します

10) 報告書を書いた後で、会議に出席しました

＊答え＊

1) We will start the test when the bell rings.
2) What will you do if you find a treasure?
3) If you have a question, please ask me.
4) When night falls, you can see many shooting stars.
5) I did my shopping before I went home.
6) I am going to do my shopping before I go home.
7) He didn't say a word while he was eating his meal.
8) He won't say a word while he is eating his meal.
9) I am attending a meeting after I write a report.
10) I attended a meeting after I wrote a report.

・・発展・・

<< 「時」と「条件」の副詞節では、未来の内容でも will は使わない ＞＞

次の例文を見てみましょう。

時間が**ある**時に、彼に電話してみます

上の文は、「(今は忙しいから無理だけど)、暇な時があれば電話します」という意味ですよね。しかし、この場合の「～する時に」は、過去・現在・未来という純粋な時間の設定ではなく、**条件設定**をしています。つまり、もし「時間がある」という条件が満たされた場合に、電話するということです。

178

この条件の内容に曖昧さがあっては、条件を設定したことになりません。例えば、次のような文を考えてみましょう。

（×）時間がある**かも知れない**時に、電話します

このように言ったのでは、「実際には時間がなくても電話することがあり得る」ということになり、条件を設定したことになりません。これでは、一体いつ電話するのか相手には伝わりませんよね。条件の内容は、他の解釈の余地がないように、断言する必要があります。

このことは、英語でも同じです。英語の **will** の基本的な働きの1つは、「**非断定**」（もしくは「予測」）です（☞ p. 110）。この働きが、条件設定には適さないので、「時」の接続詞を使った場合、その従属節（より正確には、副詞節）の中では **will が用いられない**のです。（9ページで見たように、現在形には確定的な未来を表す働きがあります。）

このことは、when だけでなく、after や until など、「時」に関する接続詞を使った場合に共通することです。

（○）Many people will come out <u>as soon as</u> the door **opens**.
　　　ドアが開いたらすぐに、たくさんの人が出てくるでしょう

（○）I am going to see Tom <u>before</u> you **come** to my house today.
　　　今日、君がうちに来る前に、僕はトムと会うことになっている

また、if などの「条件」を表す接続詞（☞ p. 169）を使った場合でも、同じです。

（○）<u>If</u> it **rains** tomorrow, I will stay home.
　　　明日、雨が降ったら、私は家にいます

ただし、「非断定」ではなく、「どうしても〜する」という強い「意思」（☞ p. 105）を表す場合には、will を使うことができます。

（○）<u>If</u> you **will go** out in this heavy rain, I won't stop you.
　　　このひどい雨の中を**どうしても**出かけると言うなら、私は止めません

第15章： 「『時』に関する接続詞」の和英文法 ②

when は「同時」と「連続」を表す

次の2つの文で、主節（＝文の後半部分）と従属節（＝文の前半部分）の内容は、同時に起こる？それとも時間差がある？

昨日、図書館にいた**ら**、私は偶然トムに会った
昨日、窓を開け**たら**、部屋にチョウチョウが入って来た

上の例文の1番目では、図書館にいた時間内にトムに会ったので、「いる」のと「会う」のには、時間的な重なりがありますよね。つまり、この2つの出来事は、**同時**です。このことを、イメージ図で表すと、次のようになります。

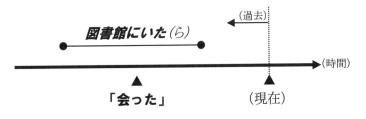

一方、2番目の例文の場合、窓を開けた後で入ってきたと理解

するのが普通ですよね。そのため、「開ける」のと「入ってくる」のには、時間差があります。このことを、イメージ図で表すと、次のようになります。

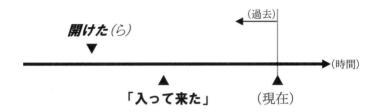

このように、日本語では同じ「〜したら」ですが（☞ p. 193）、2番目の例文では、1つの出来事が起こった後に、別の出来事が**連続**して起こることを表しています。

英語の **when** にも、**同時**と**連続**の2つの働きがあります。そのため、上の2つの日本語文は、どちらも when を使って英語にすることができます。（同時と連続の違いは、動詞の種類（☞ 第6章）で決まります。同時の解釈になるのは、状態動詞（☞ p. 17）が使われている場合です。）

しかし、**書き換え**をする時には、違う接続詞を使うことになるので、注意が必要です。

When I was in the library yesterday, I ran into Tom.
　= **While** I was in the library yesterday, I ran into Tom.

181

When I opened the window yesterday, a butterfly flew into the room.

≒ **After** I opened the window yesterday, a butterfly flew into the room.
（もしくは as soon as）

もし 180 ページの2番目の例文で、「開ける」のと、「入って来る」のが**同時**であると言いたい場合には、when 節の動詞を**進行形**にする必要があります。（これは、「開ける」が動作動詞だからです。またこの場合、when の代わりに while を使うのが普通です。）

While I **was opening** the window yesterday, a butterfly flew into the room.

*昨日、窓を開け**ていたら**、部屋にチョウチョウが入ってきた*

< 確認問題 >
次の日本語文は、「同時」の事か、それとも「連続」の事かを判断して、英訳として正しいのはどちらか考えてみましょう。
1 タクシーを待っていた**ら**、トムから電話があった
   While I waited for a taxi, I received a call from Tom.
   After I waited for a taxi, I received a call from Tom.
2 食事を済ませた**ら**、買い物に行きましょう
   While we finish our meal, let's go shopping.
   After we finish our meal, let's go shopping.

< 答え >
1 while   2 after

when が「同時」を表す場合

次の2つの和文英訳で、下線部の動詞を正しい形にすると？

トムが家に戻る**と**、アンナは紅茶を入れ**た**
　　When Tom returned home, Anna ＿(make)＿ tea.

トムが家に戻る**と**、アンナは紅茶を入れ**ていた**
　　When Tom returned home, Anna ＿(make)＿ tea.

上の1番目の例文では、「戻った」→「入れた」という連続する出来事を述べていますよね。これは when が持つ**連続**の働きで表せるので、make を**過去形**にして、次のように英訳します。

When Tom returned home, Anna ＿＿**made**＿＿ tea.

一方、2番目の例文では、「入れ**ていた**」と言っています。この場合には、「戻った時」と「入れていた時」には、時間的な重なりがあります。つまり、この2つの出来事は**同時**です。

ただし1つ注意する点があります。英語の when には「同時」と「連続」の働きがあります。しかし、動詞が「単純形」(☞ p. 51)を取っていて、when が「同時」を表すのは、(181 ページで見たように) **状態動詞**が使われている場合です。今回の例文では、return も make も状態動詞ではありません。

183

この場合、when が「同時」を表すためには、182 ページでも見たように、**進行形**を使う必要があります。(日本語の文でも「入れ**ていた**」と、過去進行形(☞ p. 154)を使っていますよね。) そのため、上の2番目の日本語文は、次のように英訳します。

When Tom returned home, Anna ___**was**___
___**making**___ tea.

このように、**動作動詞**が使われている場合、when が「同時」を表すには、主節か従属節のどちらかで進行形が使われている必要があるのです。

I heard a loud noise, when I **was watching** TV.
テレビを見**ている**時に、大きな物音を聞いた (→従属節が進行形)

When I heard a loud noise, I **was watching** TV.
大きな物音を聞いた時、私はテレビを見**ていた** (→主節が進行形)

・・発展・・
<< 「時」の接続詞の特徴 >>

接続詞は、2つの節をつなぐ働きをします。その中でも、「時」の接続詞を使った場合には、主節と従属節が、**同じ時間を共有**することになります。次の2つの例文を比べてみましょう。

(×) 昨日外で食事をした時に、
　　　今夜彼はピザを注文し**ます**

(○) 昨日外で食事をした時に、
　　　彼はピザを注文し**ました**

上の1番目の例では、文の前半と後半で話がつながっていませんよね。これは「～した**時に**」という、「時」の接続詞を使っているのに、主節と従属節で、「昨日（＝過去）」と「今夜（＝未来）」という異なる時間を取っているからです。そこで、2番目の例文のように、時間を「過去」で統一すれば正しい文になります。

これに対して、「時」以外の接続詞（☞ p. 169）では、主節と従属節で、**異なる時間**を取ることができます。

    （○）昨日外で食事をした**ので、**　　　　　　　　　　（＝理由）
        今夜彼は家で食べるでしょう

    （○）昨日外で食事をした**にもかかわらず、**　　　　（＝譲歩）
        今夜も彼は外で食べるでしょう

    （○）昨日外で食事をした**のなら、**　　　　　　　　（＝条件）
        今夜彼は家で食べるでしょう

同じことは、英語でも言えます。「時」の接続詞を使った場合、主節と従属節で同じ時間を共有していなければなりません。

    （×）**When** he <u>ate</u> out yesterday, he <u>will order</u> pizza tonight.
    （○）**When** he <u>ate</u> out yesterday, he <u>ordered</u> pizza.

一方、「時」以外の接続詞では、英語でも主節と従属節で異なる時間を取ることができます。

    （○）He <u>will eat</u> at home tonight **because** he <u>ate</u> out yesterday.
    （○）**Even though** he <u>ate</u> out yesterday, he <u>will eat</u> out tonight too.
    （○）**If** he <u>ate</u> out yesterday, he <u>will eat</u> at home tonight.

このように、**「時」の接続詞**を使った場合、主節と従属節で**同じ時間を共有**している必要があります。ただし、「～以来」を意味する since などでは、違う時間を取ることができます。（主節が継続を表す動詞の場合。）

    I **have** numbness in my fingers since I **injured** my neck in the accident.
        事故で首を怪我して以来、指に痺れがある

「〜する時に」という表現で、よくある間違った英訳

次の日本語文の英訳は間違いです。その理由は？

彼は、ご飯を**食べる時に**、お祈りをしました
（×） He prayed **when** he ate his meal.

上の日本語文では、「**食べる**時に」となっていますが、英訳では **ate** という**過去形**を使っています。これは、169 ページで見た例と同じで、「お祈りする」のも、「食べる」のも、どちらも過去の出来事だからです。そのため、この ate は間違いではありません。

また日本語文では、過去の出来事なのに、なぜ「食べ**た**時に」ではなく、「食べ**る**時に」と言うのかと言えば、この「〜する」は、**「開始前」の段階**（☞ p. 36）を表しているからです。（つまり、過去・現在・未来という「時間」ではなく、**同じ時間内**（☞ p. 184）での**「前後関係」**を表す「〜する」です（☞ p. 170）。）

そのため、上の例文は次のように言い換えることができます。

彼は、ご飯を**食べる時に**、お祈りをしました
≒ 彼は、ご飯を**食べる前に**、お祈りをしました

これをイメージ図で表すと、次のようになります。

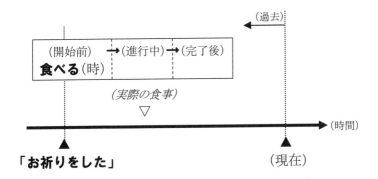

（過去）

（開始前）→（進行中）→（完了後）
食べる（時）

（実際の食事）
▽

（時間）

▲
「**お祈りをした**」

▲
（現在）

それでは英語の場合は、どうでしょうか。英語の **when** には「同時」と「連続」の働きがあります（☞ p. 180）。しかし一般的に、「食事と**同時**に」、つまり、「食べ**ながら**お祈りをする」という解釈はあり得ませんよね。また、「食事に**連続**して」、つまり、「食べ**てから**お祈りをする」という解釈も、通常の慣習ではありません。

そのため、この例文の「食べる時に」は、英語の **when では表せない**のです。お祈りをするのは、普通、あくまでも「食べる**前**」のことなので、英訳では **before** を使う必要があります（☞ p. 207）。

彼は、ご飯を**食べる時に**、お祈りをしました
（○）He prayed **before** he ate his meal.

日本語の「**〜する時に**」は、英語の **when では表せない**場合がある。内容的に、「〜する前に」と言い換えられるのであれば、**before** を使う。

187

< 確認問題 >
次の日本語文の前後関係を判断して、英訳として正しいのはどちらか
考えてみましょう。
 1 （普段は食後すぐにですが）昨日は寝る時に、歯をみがきました

    Yesterday, I brushed my teeth **when** I went to bed.

    Yesterday, I brushed my teeth **before** I went to bed.
 2 昨夜、映画を見る時に、携帯電話の電源を切るのを忘れました

    I forgot to turn off my cell phone **when** I watched
    the movie last night.

    I forgot to turn off my cell phone **before** I watched
    the movie last night.

< 答え >
 1 before   2 before

「主節」→「when 節」の順番で出来事が起こる場合

次の2つの日本語文を英訳した場合、下線部の動詞を正しい
形にすると？

    私が部屋に入ると、子供たちは**目を覚ました**
      The children ___(wake)___ up when I entered
      the room.

    私が部屋に入ると、子供たちは（既に）**目を覚ましていた**
      The children ___(wake)___ up when I entered
      the room.

上の1番目の例文では、「部屋に入る」→「目を覚ます」という連続した出来事を述べていますよね。また、そのどちらも**過去**の内容です。

これは英語であれば、181 ページで見た、when の持つ**連続**の働きで表すことが出来ます。(つまり、「when≒after」の関係なので、「when節」→「主節」の順番で出来事が起こります。)これをイメージ図で表すと次のようになります。

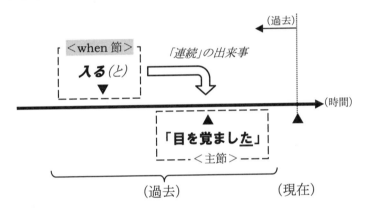

そのため、英訳の下線部にはwakeの**過去形**を入れて、次のようにします。

私が部屋に入ると、子供たちは**目を覚ました**

The children ___**woke**___ up when I entered the room.

189

これに対して、2番目の例文では、私が部屋に入った時には既に子供たちは目を覚ましていましたよね。つまり、**「when 節」よりも前に**（＝「部屋に入る」よりも前に）、「主節」の出来事が起こります。

「主節」の内容が、「when 節」の内容よりも**さらに前の過去**である事を表すには、155ページで見た**「大過去」**を使います。これをイメージ図で表すと次のようになります。（より正確には、過去の一時点（＝「部屋に入る」）までに実現していた出来事。）

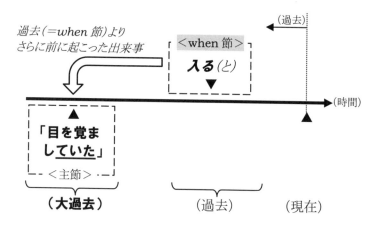

そのため、英訳の下線部には、「大過去」を表すために wake の**過去完了形**を入れて、次のようにします。

私が部屋に入ると、子供たちは(既に)**目を覚ましていた**
The children __**had** (already) **woken**__ up
when I entered the room.

190

「〜する時に」＝「英語の when」と反射的に考えてしまいがちです。しかし今回見てきたように、必ずしもそうとは限らず、日本語の「時に」という言葉は、使い方が非常に複雑です。

この章で見たことをまとめると、次のようになります。

---

1) when は「同時」と「連続」を表す。

    When I was in the library, I ran into Tom.
= **While** I was in the library, I ran into Tom.

    When I opened the window yesterday, a
    butterfly flew into the room.
≒ **After** I opened the window yesterday, a
    butterfly flew into the room.（または as soon as）
        （＝「when 節」→「主節」の順番）

2) 日本語の「〜する時に」が、前後関係を表す場合（つまり、「〜する前に」と言い換えられる場合）、英語では when ではなく before を使う。

    彼は、ご飯を**食べる時に**、お祈りをしました
≒ 彼は、ご飯を**食べる前に**、お祈りをしました

    （×）He prayed **when** he ate his meal.
    （○）He prayed **before** he ate his meal.

---

3) 過去の内容で、「主節」→「when 節」の順番で出来事が起こる場合には、主節に過去完了形を使う。

私が部屋に入ると、子供たちは**目を覚まして**<u>いた</u>
The children **had** (already) **woken** up
when I entered the room.

＊練習問題＊

次の日本語文を英訳しなさい。
1) テレビを見終えると、彼女は宿題を始めた
2) 昨夜、夕食の席に着く時に手を洗いました (take a seat)
3) 明日時間があったら、一緒に映画に行こう
4) トムが家に戻ると、アンナは買い物に出かけた
5) トムが家に戻ると、アンナは買い物に出かけていた

＊答え＊

1) When she finished watching TV, she started her homework.
2) Last night, I washed my hands before I took a seat at the dinner table.
3) Let's go to the movies together, if you have time tomorrow.
4) When Tom returned home, Anna left for shopping.
5) When Tom returned home, Anna had (already) left for shopping.

＜＜ 日本語の「たら」「れば」「と」 ＞＞

日本語の「たら」「れば」「と」は、固定表現です。つまり、過去・現在・未来という「時間」に関係なく、必ずこの形で使われます。

> このボタンを押し<u>たら</u>、水が出**ます**
> このボタンを押し<u>たら</u>、水が出**ました**

> 冬にな<u>れば</u>、毎年スキーに行き**ます**
> 冬にな<u>れば</u>、毎年スキーに行き**ました**

> 彼はお金がある<u>と</u>、いつも本を買い**ます**
> 彼はお金がある<u>と</u>、いつも本を買い**ました**

このように、「たら」「れば」「と」を使った従属節では、過去・現在・未来に関わらず、動詞の形に変化がありません。（現在の内容でも、「ボタンを**押すら**」と言ったり、過去の内容でも、「お金が**あったと**」と言ったりしませんよね。）

「時」の接続詞を使った場合、主節と従属節が同じ時間を共有しているので（☞ p. 184）、**主節の表す時間が**、（動詞の形に関係なく）**従属節の時間を決める**のです。そのため、和文英訳をする時には、主節の時制に合わせて、従属節の時制も決めます。

彼はお金が**あると**、いつも本を**買います**

　主節（＝買います）は「**現在**」の事　→　従属節の「ある」も「**現在**」の事

He always **buys** a book when he **has** money.

彼はお金が**あると**、いつも本を**買いました**

　主節（＝買いました）は「**過去**」の事　→　従属節の「ある」も「**過去**」の事

He always **bought** a book when he **had** money.

第１６章：「『時』に関する接続詞」の和英文法 ③

「前後関係」と「時間設定」

次の日本語文を英訳した時、下線部に入る接続詞は when ？それとも before ？

トムはピザを**食べる**時に、ナイフとフォークを使います

_____ he eats pizza, Tom uses a knife and fork.

186 ページで見た例文の「食べる時に」は、英語の when では表せませんでした。そこで、**before** を使って英訳しましたよね。しかし、同じ「食べる時に」でも、今回の例文では、before を使って英訳すると間違いになります。

その理由は、少し考えれば分かりますよね。上の例文の場合、「食べる**前に**使う」、つまり「初めにナイフとフォークを使ってピザを切り分け、次に手で食べる」という別々の動作とは考えにくいからです。「使い**ながら**食べる」という解釈が普通ですよね。

つまり、今回の例文の「食べる時に」は、「～する」の形を取っていても、**「開始前」の段階**(☞ p. 187)を表していません。この違いは、どこから来るのでしょうか。

実は、この「～する時に」は、過去・現在・未来のうち、「**いつの**

194

事か」という**時間設定**をしています。（言い換えれば、いわゆる普通の「現在形」(☞ p. 51)なのです。）

「時間設定」をする時とは、2つの出来事の**「前後関係」を特定する必要がなく**、主節と従属節が**漠然と同じ時間を共有**(☞ p. 184)していることだけを表します。これは、「パーティーの時に」や「大学生の時に」と言うのと同じで、純粋に、主節の内容が起こるのは**「いつ」**なのかを表します。

ここで、次の2つの例文を比べてみましょう。

彼は、ご飯を**食べる**時に、いつも音楽を聴きます
　　→　食事中に音楽を聴く　（＝「時間設定」）

彼は、ご飯を**食べる**時に、いつもお祈りをします
　　→　食事前にお祈りをする　（＝「前後関係」）

この1番目の例文の場合、「いつ音楽を聴きますか？」という質問に対して、「車を運転する時」でもなく、「料理をする時」でもなく、「ご飯を食べる時だ」と、「いつ」音楽を聴くのかを特定しているのです。これが**時間設定の働き**です。（いわば、形容詞の限定用法のような働きです。詳しくは、自著『日本語で理解する英文法』の p. 76 を参照してみてください。）

これに対して**前後関係の働き**とは、第14章・第15章で見たように、主節の内容が、従属節よりも「前か、同時か、後か」を特定することです。このように、日本語の**「〜する時に」**という言葉には、「時間設定」と「前後関係」の**両方の働き**があるのです。

一方、英語で**時間設定**をするのは **when** の働きなので(☞ p. 207)、今回の例文は、when を使って次のように英訳します。

  __**When**__ he eats pizza, Tom uses a knife and fork.

日本語の「時に」という言葉には、「時間設定」と「前後関係」の両方の働きがある。そのため、日本語では同じ**「〜する時に」**でも、英語では **before** だったり、**when** だったりする。

(これは 52 ページで見たように、日本語の「〜した」に、英語の過去形(＝過去・現在・未来という「時間設定」)の働きと、現在完了形(＝開始前・進行中・完了後という「段階」)の働きの、2つがあるのと同じことですよね。例えば、日本語の「食べた」の英訳は、ate と have eaten の2つが可能です(☞ p. 78)。)

  ＜ 確認問題 ＞
  次の日本語文の英訳として、正しいのはどちらか考えてみましょう。
  1 昨日、泳ぐ時に、私はゴーグルを使いました
     I used swimming goggles **when** I swam yesterday.
     I used swimming goggles **before** I swam yesterday.
  2 昨日、泳ぐ時に、私は準備体操をしました
     I did warm-up exercises **when** I swam yesterday.
     I did warm-up exercises **before** I swam yesterday.

  ＜ 答え ＞
  1 when   2 before

196

<< 日本語の「〜する時に」と「〜した時に」 >>

（以下は技術的なことなので、興味のない読者の方は飛ばしてください。）

既に見たように、日本語の「時に」という言葉には、「時間設定」と「前後関係」の2つの働きがあります。**「前後関係」**の「時に」は、過去・現在・未来のどの出来事についても使えます。しかし**「時間設定」**の場合、「〜した時に」の「した」は、いわゆる過去形なので、過去の出来事しか表せません。同様に、「〜する時に」の「する」は、いわゆる現在形なので、現在や未来の出来事にしか使えません。

次の例文を見てみましょう。
・主節が**過去**の内容の場合
① 二人目の娘が生まれた時に、私は出張でロンドンにいました
　　　（×）生まれた後で　（→この「〜した時に」は「前後関係」ではない。過去の「時間設定」）
② 二人目の娘が生まれた時に、今の家に引っ越しました
　　　（×）生まれたその時間に　（→「生まれた後で」を表す「前後関係」）
③ 二人目の娘が生まれる時に、今の家に引っ越しました
　　　（×）未来において生まれるその時間に　（→この「〜する時に」は未来の「時間設定」ではない。「生まれる前に」を表す「前後関係」）

・主節が**現在**や**未来**の内容の場合
④ 二人目の娘が生まれる時に、私は出張でロンドンにい**ます**
　　　（×）生まれる前に　（→この「〜する時に」は「前後関係」ではない。未来の「時間設定」）
⑤ 二人目の娘が生まれる時に、新しい家に引っ越し**ます**
　　　（×）生まれるその時間に　（→「生まれる前に」を表す「前後関係」）
⑥ 二人目の娘が生まれた時に、新しい家に引っ越し**ます**
　　　（×）過去において生まれたその時間に　（→この「〜した時に」は過去の「時間設定」ではない。「生まれた後で」を表す「前後関係」）

このように、過去・現在・未来という「時間」と、「〜する時に」「〜した時に」には、次のような組み合わせが出来ることが分かります。

		「〜した時に」		「〜する時に」	
		時間設定	前後関係	時間設定	前後関係
主節	過去	①	②	×	③
	現在・未来	×	⑥	④	⑤

「〜している時に」と「〜していた時に」

次の英文の日本語訳として、正しいのはどっち？

Yesterday, I received a call from my husband when I **was watching** a movie.

昨日、映画を見て**いた**時に、夫から電話があった
昨日、映画を見て**いる**時に、夫から電話があった

上の2つの日本語訳を読むと、「えっ！？別にどっちでも良いんじゃないの？」と感じますよね。実は、そうなんです。従属節の中では、「〜してい**る**」も「〜してい**た**」も、どちらも同じ意味を表します。（より正確には、「時」に関する「副詞節」の場合です。）

文法的な分析をすれば、「〜してい**た**」は、**時間設定が「過去」**で、さらに**「進行中」の段階**(☞ p. 36)であることを表しています。つまり、いわゆる「過去進行形」です。

これに対して、「〜してい**る**」は、主節と**同じ時間を共有**(☞ pp. 184-185)していて、その上で**「同時」**(☞ p. 172)であることを表しています。主節は「電話があった」という過去の話なので、従属節も自動的に過去の内容になります(☞ p. 193)。

そのため、結果的に、どちらも同じ内容を表すのです。このことを裏返せば、**和文英訳**をする場合には、「〜してい**る**時に」も「〜してい**た**時に」も、主節が過去の内容であれば、従属節の

中は「**was/were + ing 形**」を取るということです。

主節が過去の内容の場合、従属節の中の「〜し**ている**時に」も、「〜し**ていた**時に」も、英語では「**was/were + ing 形**」になる。

ただし、これは「〜している」や「〜していた」が、過去の「**進行中の動作**」を表している場合です。16 ページで見たように、日本語の場合、状態動詞は元々「〜している」や「〜していた」の形で使われますが、英語では「be + ing 形」にはなりません。（「〜していた」の主な7つの用法については 157 ページ参照。）

I met my wife when I **lived** in London.
*ロンドンに住ん**でいた**時に、私は妻と出会った*
*ロンドンに住ん**でいる**時に、私は妻と出会った*

それでは次に、もし主節が**未来**の内容だったら、どうなるでしょうか。次の例を見てみましょう。

（○）明日、映画を見**ている**時に、電話があるでしょう
（×）明日、映画を見**ていた**時に、電話があるでしょう

既に見たように、「〜してい**た**時に」は過去進行形なので、当然、

未来の内容では使えません。(もちろん、上の2番目のような日本語文を考える人は、そもそもいないですよね。そのため、このこと自体は、和文英訳をする上で問題にならないでしょう。)

ただし、上の1番目の日本語文を英訳する場合には、1つ重要なことがあります。それは、この「見ている時に」が**未来**の内容であっても、英語で **will は使わない**という点です(☞ p. 178)。

(×) Tomorrow, I will (probably) receive a call
when I **will be watching** a movie.

(○) Tomorrow, I will (probably) receive a call
when I **am watching** a movie.

---

184 ページで見たように、「時」の接続詞を使った場合、主節と従属節は**同じ時間を共有**しています。そのため、主節が未来の内容であれば、従属節も自動的に未来の内容を表します。このことは、次の例文ではさらに明白です。

(○) I am going to buy a new car when I **have**
enough money.

必要なお金が貯まったら、新しい車を買うつもりです

上の例文では、「when I **have** enough money」と言っていますが、「**今**、十分なお金を持っている」という解釈にはなりませんよね。明らかに未来の内容ですが、will は使いません。このように、必ずしも「未来＝will」ではないのです。

＜＜ 「絶対時制」と「相対時制」 ＞＞

そもそも、「過去」「現在」「未来」という区分は、**「現在」を基準時**として、それ以前を「過去」、それ以後を「未来」とする区分です。これを**絶対時制**といいます。（これまで本書で、「時間設定」と呼んできたものです。）例えば、198 ページの例文にある「映画を見ていた時に」の「見**ていた**」は絶対時制です。そのため、未来の内容では「見ていた」という動詞の形は使えません（☞ p. 199）。

これに対して、本書で**「同じ時間を共有**していて、その中での**前後関係」**と呼んできたものを、相対時制といいます。

相対時制は、文脈によって特定される**「ある一時点」を基準時**として、それよりも「前」か「同時」か「後」かを表します。（多くの場合、「主節の時間」が基準時になります。）そのため、過去でも未来でも、基準時に取ることが出来ます。例えば、198 ページの例文の「映画を見ている時に」の「見**ている**」は相対時制です。

日本語でも英語でも、動詞の「形」だけを見て、絶対時制か相対時制かを判断することは出来ません。そこが時制の難しいところです。

また、絶対時制と相対時制は、動詞の形だけでなく、一緒に使われる「時」を表す言葉（＝副詞）にも関係してきます。次の例文を見てみましょう。仮に、今日が月曜日だとすれば、荷物はいつ届くでしょうか。

(○) 明日注文をすれば、**あさって**には商品が届く
(○) 明日注文をすれば、**翌日**には商品が届く

どちらの文でも、荷物が届くのは水曜日ですよね。しかし1番目の文の「あさって」とは、「今日」を基準時にして、その「2日後」を指しています。（つまり、「現在」を基準時にしているので、「あさって」は絶対時制で使われる言葉です。）

一方、2番目の文の「翌日」とは、「明日」を基準時にして、その「次の日」を指しています。（つまり、「未来」を基準時にしているので、「翌日」は相対時制で使われる言葉です。）

このように、同じ内容の文であっても、絶対時制と相対時制を使った2つの文が可能になる場合があるのです。

「when + 完了形」

次の2つの和文英訳で、下線部の動詞を正しい形にすると？

明日、太陽が**昇る**時に、街の写真を撮ります

I'll take a picture of the city **when** the sun
___(rise)___ tomorrow.

明日、太陽が**昇った**時に、街の写真を撮ります

I'll take a picture of the city **when** the sun
___(rise)___ tomorrow.

上の1番目の例文では、「昇る時に」と言っています。これは**「いつ」**という**時間設定**をしているのですから、接続詞は when で良いですよね。ただし、未来の内容でも、「時」の副詞節の中では will を使わないので (☞ p. 178)、動詞は**現在形**を使います。

> I'll take a picture of the city **when** the sun
> ___**rises**___ tomorrow.

一方、2番目の例文では、「昇った時に」と言っています。これは「昇った**後で**」と言い換えられるのですから、**前後関係**を表しています。ただし、上の英訳では when を使っています。

この場合には、when 節の動詞を**完了形**にすることで、「完了後」

202

の段階を表すことが出来ます。日本語で言えば、「昇った**ところ**で」(☞ p. 36)と言い換えるのと同じことですよね。

明日、太陽が昇った**ところ**で、街の写真を撮ります
I'll take a picture of the city **when** the
sun ____**has risen**____ tomorrow.

このように、日本語の「〜した時に」は、**after** 以外にも、**「when + 完了形」**で表すことも出来ます。(ただし、after は、「直後」を表すわけではないので、「when + 完了形」とはニュアンスに違いがあります。)

この「when + 完了形」は、**前後関係を明確にするために**使われるもので、意味に曖昧さがなければ、単純形(☞ p. 51)で代用することが出来ます。次の例文を見てみましょう。

明日、彼に**会っ<u>た</u>**時に、それについて聞いてみます
I'll ask him about it, when I **<u>see</u>** him
tomorrow.

当然、彼と「対面してから聞く」のですから、日本語では「会っ**た**時に」という形を使います。しかし、その前後関係は明白なので、英語では「when + 完了形」を使う必要はありません(☞p.207)。

一方、after は、もともと「前後関係」を表す接続詞なので、完了形を使う必要はありません(☞ p. 174 / p. 207)。

< 確認問題 >
次の日本語文の英訳として、正しいのはどちらか考えてみましょう。
1 先月、パリへ行く時に、新しい帽子を買いました

   I bought a new hat **when** I went to Paris last month.

   I bought a new hat **before** I went to Paris last month.
2 先月、パリへ行った時に、新しい帽子を買いました

   I bought a new hat **when** I went to Paris last month.

   I bought a new hat **after** I went to Paris last month.
3 明日、子供たちが学校へ出かける時に、電話をするよ

   Tomorrow, I will call you when the children **leave** for school.

   Tomorrow, I will call you when the children **have left** for school.
4 明日、子供たちが学校へ出かけた時に、電話をするよ

   Tomorrow, I will call you when the children **leave** for school.

   Tomorrow, I will call you when the children **have left** for school.

< 答え >
1 before   2 when   3 leave   4 have left

まとめ

これまで見てきたように、和文英訳の難しさは、必ずしも英語が難しいからではなく、私たち日本人が、実は日本語のことをよく知らないからでもあるのです。場合によっては、**日本語文の言い換え**をしてから英訳する（＝意訳する）必要が出てきます。

この章で見たことをまとめると、次のようになります。

1) 日本語の「〜する時に」には、「時間設定」と「前後関係」の両方の働きがある。

> 「**時間設定**」＝「前後関係」を特定せず、主節の内容が起こるのは「**いつ**」なのかを表す。
>
> 「**前後関係**」＝ 主節の内容が、従属節よりも「**前か、同時か、後か**」を特定する。

日本語では同じ「〜する時に」でも、英語では before だったり when だったりする。

> 彼は、ご飯を**食べる**時に、お祈りをしました　(☞ p. 187)
> （○）He prayed **before** he ate his meal.

> トムはピザを**食べる**時に、ナイフとフォークを使います
> （○）**When** he eats pizza, Tom uses a knife and fork.

2) 主節が**過去**の内容の場合、「〜し**ている**時に」も、「〜し**ていた**時に」も、同じ意味を表す。英語では「**was/were + ing 形**」になる。（ただし、過去の「進行中」の動作を表している場合。）

3) 日本語の「**〜する**時に」が、「〜する**前に**」の意味で使われている場合、**before** を使って英訳することができる。一方、「**〜した**時に」が、「〜した**後で**」の意味で使われている場合は **after** を使って英訳できる。

4)「前後関係」を表すことを明確にするために、when 節の中で完了形を使うことがある。

I'll take a picture of the city **when** the sun **has risen** tomorrow.
*明日、太陽が昇っ**た時に**、街の写真を撮ります*
*＝明日、太陽が昇っ**たところで**、街の写真を撮ります*

＊練習問題＊

次の日本語文を英訳（意訳）しなさい。ただし、（　　）内に言葉が与えられている場合には、その言葉を使いなさい。

1) 赤ちゃんが産まれ**る**時には、私に電話をください
（産まれる＝be born）
2) 赤ちゃんが産まれ**た**時には、私に電話をください
3) 息子がもう少しで眠りにつ**く**時に、電話が鳴った
4) 息子がようやく眠りについ**た**時に、電話が鳴った

＊答え＊

1) Please call me before the baby is born.
2) Please call me when the baby is (has been) born.
3) When my son was about to fall asleep, the phone rang.
4) When my son finally fell asleep, the phone rang.

<< when が表す「ゆるやかな同時性」と、話者の「良識的な解釈」 >>

180 ページでは、when には「同時」と「連続」の働きがあると言いました。(この違いは、動詞の種類の違いによるものです。)一方 195 ページでは、when とは、2つの出来事の「前後関係」を特定せずに、漠然と同じ時間を共有していることを表すと言いました。矛盾しているように聞こえるかも知れませんが、実は、when が表すのは「**ゆるやかな同時性**」なのです。

次の例文を見てみましょう。この英文で、アンナが窓を閉めたのは、家を出る前でしょうか？それとも家を出てからでしょうか？

When Anna left home this morning, she closed all the windows.

この英文では、when が使われています。when の働きは、「時間設定」をすることです(☞ p. 196)。つまり、アンナが窓を閉めたのは、「料理の終了時」でもなく、「子供の帰宅時」でもなく、「アンナの外出時」だったことを表しています。

この when が持つ「時間に関する情報」は、実はそれだけです。窓を閉めたのが、「家を出る前か、出た後か」については、何も言っていないのです。

それでは、現実世界ではどうでしょうか。家から出た後で、家の外から窓を閉めるというのは、普通は考えにくい状況ですよね。(＝when が持つ「連続」の解釈。)当然、アンナが窓を閉めたのは、家を出る前だと誰もが解釈します。しかしこれは、「文法」ではなく、私たちの「**常識**」がそう理解させているのです。

つまり私たちは、現実世界での**前後関係を、必ずしも厳密に言語に反映させていない**のです。あくまでも when の働きは「時間設定」であり、when が表すのは「ゆるやかな同時性」です。その前後関係の判断には、実は、話し手や聞き手の**良識的な解釈**(もしくは「常識」)に頼る部分が多いのです。

本来、英語で「前後関係」を表すのは **before / while / after** などの接続詞の働きです。そのため、これらの接続詞と一緒に「be about + to 原形」や「have + p.p.形」を使う必要はなく、単純形を使います(☞ p. 170 / p. 174 / p. 186)。一方、ゆるやかな同時性を表す **when** の場合には、「前後関係」を明確にするために「be about + to 原形」や「have + p.p.形」が使われることがあります(☞ p. 203)。

第17章： 「条件」と「反実仮想」の 和英文法

現実性の違い（＝実現の可能性の程度）

次の2つの文では、実際に時間はある？ない？

　　今、時間がある**ので**、買い物に行ける
　　今、時間があ**れば**、買い物に行ける

日本語の「(ある)**ので**」や「(ある)**から**」は、原因や理由を表す言葉です。これは、実際に「時間がある」と言っていますよね。

これに対して、日本語の「(あっ)**たら**」「(あ)**れば**」「(あるの)**なら**」は、条件(☞ p. 166)を表す言葉です。これは、時間があるかも知れないし、ないかも知れないことを表します。その上で、もし、時間がある場合には、主節の内容が実現できるわけです。

つまり、実際に「時間があるかどうか」で言えば、「ので」や「から」の場合は、100％あります。一方、「たら」「れば」「なら」では、50％の確率です。

英語では、「ので」や「から」は**because**を使い、「たら」「れば」「なら」は**if**を使います。そのため、上の日本語文は、次のように英語にすることができます。

I can go shopping **because** I have time now.
I can go shopping **if** I have time now.

それではここで、次の例文を見てみましょう。この文では、実際に時間はあるでしょうか？

今、時間があ**れば**、買い物に行ける**のに**

今度の例では、先の2番目の日本語文に、「**のに**」という言葉を最後に付け足しただけです。しかし、この文では、実際には「時間がない」ことが分かりますよね。

つまり、「時間がある」という確率は0%です。そのため、買い物に行くことも、**現実にはない**ですよね。しかし、もしあったと仮定したら、買い物に行けるだろうという**想像の話**をしています。これは、**反実仮想**（＝仮定法）です（☞ p. 150）。

それではここで、これまで見てきた3つの例文を、実際に「時間があるかどうか」で分類してみましょう。（反実仮想は、150 ページで見たように、「〜している」という形を使って、「時間があれば、買い物に行っ**ている**」と言うこともできます。）

	100%	時間がある**ので**、買い物に**行ける**	事実
現実性	50%	時間があ**れば**、買い物に**行ける**	条件
	0%	時間があ**れば**、買い物に**行けるのに**	反実仮想

128 ページでは、助動詞が持つ「推量」の働きを見ましたよね。推量とは、「事実」から離れていることを表します。そして、次のようなイメージ図を見ました。

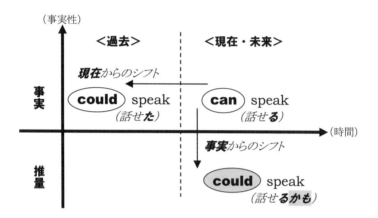

例えば、助動詞の can と could の間には、「～できる」⇔「～できた」という**時間的なシフト**（＝**横**軸のシフト）と、「～できる」⇔「～できる**かも**」という**事実性のシフト**（＝**縦**軸のシフト）があります。

同じ考え方が、反実仮想にも当てはまります。つまり、**現実**（＝現在の事実）から離れていることを表すために、**縦軸のシフト**が起こります。**現在の内容**に対して、いわゆる **"過去形"** を使うこのシフトは、主節だけでなく、従属節（＝if 節）の動詞にも起こります。

そのため、先に見た「今、時間があれば、買い物に行ける**のに**」
という日本語文は、英語では次のようになります。

I **could go** shopping if I **had** time now.

この英文では、**could** や **had** という動詞の形が、**now** という
言葉と一緒に使われています。これは、この could や had が**過
去ではなく**、反実仮想を表しているからです。話の内容は、あ
くまでも**現在**の事です。(これを仮定法過去と言います。)

もし、「可能」や「義務」など、助動詞が持つ様々な意味(☞ p.
130)を含まない場合には、would を使います。

今、時間があれば、買い物に**行く**のに
= I **would go** shopping if I **had** time now.

「条件」か「反実仮想」か

これまで見てきたように、英語の "過去形" は、「**時間的**なシフ
ト」と、「**事実性**(もしくは現実性)のシフト」の両方を表します。
("過去形" という言葉は、時間的なシフトだけを連想させ、誤解
を与えやすいので、注意が必要です。) そのため、英文和訳を
する時には、どちらのシフトが起こっているのかを判断する必要
があります。

それでは、次の2つの英文を見くらべてみましょう。if 節の動詞は、どちらも was という "過去形" を使っています。

If he **was** sick yesterday, he <u>will</u> not come here today.
彼がもし昨日病気だったのなら、今日、ここには来ないだろう

> if 節の **was**　＝ **過去**の「条件」
> 　　　　　　　　（→　was は**時間的**なシフトを表す）
> 主節の <u>will</u>　＝ 「非断定」(☞ p. 110)

→ 「彼が昨日病気だったかどうか」を話者は**知らない**。その上で、もし「昨日は病気だった」という**条件**が満たされた場合、主節の内容だと考えている。逆に言えば、「病気でなかったなら、来るかも」と考えている。

If he really **was** sick now, he <u>would</u> not be here.
彼がもし今本当に病気なら、ここにはいないだろう

> if 節の **was**　＝ **現在**の「反実仮想」
> 　　　　　　　　（→　was は**現実性**のシフトを表す）
> 主節の <u>would</u>　＝ 現在の「反実仮想」

→ 「彼が今病気でない」ことを話者は**知っている**。また、だからこそ「彼が今ここにいる」という事実がある。しかし、もし「今病気なら」と、事実に反する**仮定**をすれば、主節の内容であろうと想像の話をしている。

ここで1つ注意する点があります。現在の反実仮想（＝仮定法過去）では、be 動詞の場合、主語の人称に関わらず were を取ることができます。ただしこれは、堅い書き言葉に多いです。

（○）If he really **were** sick now, he would not be here.

<　確認問題　>
次の日本語文の英訳として、正しいのはどちらか考えてみましょう。
1　冬が来れば、この辺りでは雪がたくさん降ります

   If winter comes, it snows a lot around here.

   When winter comes, it snows a lot around here.

2　彼がこの本を買うなら、私も買います

   If he **buys** this book, I **will**, too.

   If he **bought** this book, I **would**, too.

3　こんなに忙しくなければ、今ごろ昼ご飯を食べています

   If I **am** not this busy, I **am having** lunch now.

   If I **was** not this busy, I **would be having** lunch
   now.

<　答え　>
1　When   2　buys / will
3　was / would be having

過去の反実仮想

次の日本語文の英訳は間違いです。その理由は？

　彼が助けてくれ**なかったら**、私は事業に失敗し**ていた**

　（×）I **had failed** in business, if he **did not help**
　me.

上の例文では、「彼が助けてくれたので、失敗しなかった」という
のが、実際の出来事ですよね。その上で、もし「助けてくれなか

213

った」と仮定したら、「失敗していただろう」という過去の想像の話をしています。つまり、**過去**の出来事に対する**反実仮想**です。（日本語では、多くの場合、「〜し**ていた**」という動詞の形が使われます。）

英語で、過去の反実仮想を表すのも、139ページで見た「過去の推量」の表し方と同じです。ここで、再確認しておきましょう。

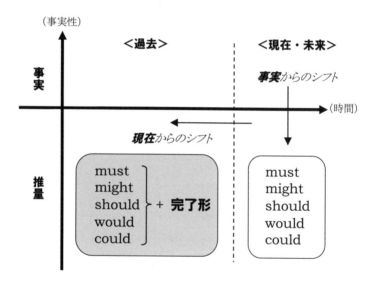

上の間違った英文では、「I **had failed** in business」という形が使われています。これでは、実際に「事業に失敗していた」ことになってしまいます。あくまでも**想像**の話なのですから、**「would ＋ 完了形」**を使う必要があります。

また、if 節の中では、「if he **did not help** me」という形が使わ

れていますが、これでは、「過去の条件」か「現在の反実仮想」
になってしまいます。**過去の反実仮想**を表すには、**if 節**の中で、
過去完了形を使います。(これを仮定法過去完了と言います。)

そのため、今回の例文は、正しくは次のように英訳します。

I **would have failed** in business, if he **had**
not **helped** me.

主節と if 節で、表す時間が違う場合

次の和文英訳で、下線部の動詞を正しい形にすると?

先週もし試験に合格していたら、今頃ヨーロッパを旅行して
いるのに
　I ＿＿＿(travel)＿＿＿ in Europe now, if I ＿＿＿(pass)＿＿＿
　the test last week.

上の例文では、「先週、試験に合格しなかったので、今、旅行し
ていない」というのが、実際に起こった出来事ですよね。その上
で、「先週、合格していたら」という**過去の反実仮想**と、「今、旅
行しているのに」という**現在の反実仮想**が、組み合わされていま
す。

215

これらのことから、英語では、if 節には「過去完了形」を使い、主節には「would + 進行形」を使います。

I **would be travelling** in Europe now, if I **had passed** the test last week.

< 確認問題 >
次の日本語文の英訳として、正しいのはどちらか考えてみましょう。
1 10時に家を出れば、バスに間に合うだろう
　　If I **leave** home at 10, I **will be** able to catch the bus.
　　If I **left** home at 10, I **would be** able to catch the bus.
2 10時に家を出ていれば、バスに間に合ったのに
　　If I **left** home at 10, I **could catch** the bus.
　　If I **had left** home at 10, I **could have caught** the bus.
3 彼が親切な人でないなら、今私を手伝っていないだろう
　　If he **is** not a kind person, he **isn't helping** me now.
　　If he **was** not a kind person, he **wouldn't be helping** me now.
4 彼が親切な人でないなら、昨日私を手伝ったりしなかっただろう
　　If he **is** not a kind person, he **didn't help** me yesterday.
　　If he **was** not a kind person, he **wouldn't have helped** me yesterday.
5 さっきコーヒーを飲まなければ、もう眠れているのに
　　If I **didn't have** coffee earlier, I **could be** asleep by now.
　　If I **hadn't had** coffee earlier, I **could be** asleep by now.

< 答え >
1 leave / will be　　　2 had left / could have caught
3 was / wouldn't be helping　　4 was / wouldn't have helped
5 hadn't had / could be

216

ある出来事の実現する可能性が、いくらかでもあれば「条件」ですが、全くなければ「反実仮想」です。英語の反実仮想は、「推量」を表す助動詞と同じ考え方をしています。**"過去形"** を使うことで、**「現在」の事実から離れている**ことを表します。

この章で見たことをまとめると、次のようになります。

---

1) 現実性の程度の違いによって、「事実」「条件」「反実仮想」の3つに分けられる。

現実性	100%	I can go shopping because I have time now. *時間があるので、買い物に行ける*	事実
	50%	I can go shopping if I have time now. *時間があれば、買い物に行ける*	条件
	0%	I **could go** shopping if I **had** time now. *時間があれば、買い物に行けるのに*	反実仮想

2) 英語の "過去形" は、**「時間的なシフト」**と、**「事実性（もしくは現実性）のシフト」**の両方を表す。

If he **was** sick yesterday, he <u>will</u> not come here today.
彼がもし昨日病気だったのなら、今日、ここには来ないだろう
（→ if 節の **was** は**過去**の「条件」を表す時間的シフト）

If he really **was** sick now, he <u>would</u> not be here.
*彼がもし今本当に病気**なら**、ここにはいないだろう*
（→ if 節の**was**は**現在**の「反実仮想」を表す現実性のシフト）

3) 過去の出来事に対する反実仮想は、過去の「推量」の表し
方と同じ。主節では「would ＋ **完了形**」を使い、if 節では
過去完了形を使う。

I **would have failed** in business, if he **had** not
helped me.
*彼が助けてくれ**なかった**ら、私は事業に失敗**していた***

＊練習問題＊

次の日本語文を英訳しなさい。
1) 一生懸命に勉強すれば、彼は試験に合格するのに
2) 昨日あと百円あれば、あの本が買えたのに
3) あの宝くじを買っていたら、今、大金持ちになっているのに

＊答え＊

1) If he studied hard, he would pass the exam.
2) If I had had 100 yens more with me yesterday, I
could have bought that book.
3) If I had bought that lottery ticket, I would be a
millionaire now.

<< 非因果関係を表す if 節 >>

if 節というのは、ある条件が満たされた場合に、どんな結果が生じるかという**因果関係**を表すのが、その主な働きです（☞ p. 166）。しかし、因果関係を表さない用法もあります。1つは、**提案**をする場合です。

（○）If you are hungry, there is a sandwich in the
　　 refrigerator.
　　　もしお腹が空いているなら、冷蔵庫にサンドイッチがあるよ

上の例文では、明らかに、もしお腹が空いていればサンドイッチが存在するが、お腹が空いていなければサンドイッチは存在しない、という意味にはなりませんよね。つまり、if 節と主節の間に、因果関係がありません。

また、日本語の場合、「たら」「れば」「なら」の3つは、まったく同じ働きをする訳ではありません。次の文を比べてみましょう。主節と条件節（＝　　　の部分）は、どちらが先に起こるでしょうか。

（○）彼女の問題がすべて解決す**れば**、私は彼女にお金を貸します
　　　 ＝「解決する」→「お金を貸す」

（○）(それで) 彼女の問題がすべて解決する**なら**、私は彼女にお金を貸します
　　　 ＝「お金を貸す」→「解決する」

因果関係を表す場合には、「条件節→主節」の順番で出来事が起こります。しかし、上の2番目の文では、この順番になっていません。

英語でも同様に、if 節が因果関係を表さず、出来事が「if 節→主節」の順番で起こらない場合があります。その時には、**if 節の中でも will を使う**ことが出来るようになります（☞ p. 178）。これは、will を使うことで、「主節→if 節」の順番になっていることを示しているのです。

（○）I will give her a loan, only if that **will solve** all her problems.

和文英訳の要注意ポイント

＜　～する／します　＞

「～する／します＝現在形」とは限らない　(☞ p. 2)
　　→　**未来**を表す場合もある　(☞ p. 75 / p. 102 / p. 116)
　　→　「～するところだ」の「ところだ」が省略されたものであ
　　　　れば、be about + to 原形　(☞ p. 38 / p. 70)

「する（ところだ）」は、**開始前の段階**を表す　(☞ p. 37 / p. 67)

「～する／します」が**今の出来事**を表すのは、何かを表明する
時や、順を追って解説をする時　(☞ p. 13)

未来を表す「～する／します」でも、その**実現の確実性**によって、
英語の未来の表現は変わる　(☞ p. 118)
　　→　ただし未来の表現は、話し手の認識の仕方によって
　　　　変わるので、必ずしもどれか1つの表現だけが正しい
　　　　とは限らない。言い換えが可能な場合も多くある
　　　　(☞ 第9章・第10章)

「するか、しないか」という**事実関係**だけを表すのには、**単純形**
（＝現在形）　(☞ p. 51 / p. 71)

「～する／します＝**動作**」、「～している／しています＝**状態**」と
いう区別の場合もある　(☞ p. 17 / p. 23 / p. 25)

< ～した／しました >

「～した／しました＝過去形」とは限らない　(☞ p. 38 / p. 52)

> →　「～したところだ」の「ところだ」が省略されたものであれば、「have + p.p.形」

「した（ところだ）」は、**完了後の段階**を表す　(☞ p. 37 / p. 53 / p. 67 / p. 78 / p. 80)

「～した／しました」が、「ちょうど」という言葉と一緒に使われると「have + p.p.形」が基本。ただし、特に口語では、**過去形で代用**されることもある　(☞ p. 80)

> →　話し手の認識の仕方によって変わるので、必ずしもどちらか1つの表現だけが正しいとは限らない。言い換えが可能な場合も多くある

「～した／しました」＝**「今～している」**の関係が成立する場合は「have + p.p.形」　(☞ p. 97)

「したか、しなかったか」という**事実関係**だけを表すのには、**単純形**（＝過去形）　(☞ p. 51 / p. 71)

「～した／しました」が**「今を含まない時間」**の出来事や、「今とは関係のない」出来事を意味していれば、**過去形**　(☞ p. 54 / p. 80)

「～した／しました」が**昔の状況**を思い出して発言している場合

や**丁寧な表現**では、過去形を取っていても現在の内容を表す
(☞ p. 58)

「〜した／しました」が**発見**を表していれば、英語では現在形
(☞ p. 56)

＜ 〜している／しています ＞

「〜している／しています＝現在進行形」とは限らない

→ 「〜している／しています」の働きのうち、主な7つは：

① 進行中の動作 （☞ p. 14 / p. 64 / p. 117)
② 状態動詞 （☞ p. 15 / p. 71 / p. 72)
③ 「be ＋ 形容詞」 （☞ p. 22)
④ 「have ＋ p.p.形」 （☞ p. 26 / p. 66 / p. 78)
⑤ 経歴・習慣 （☞ p. 29)
⑥ 結果状態を表す「be ＋ p.p.形」 （☞ p. 144)
⑦ 助動詞の過去形 （☞ p. 150)

「している(ところだ)」は、**進行中の段階**を表す （☞ p. 37 /
p. 67)

→ 英語では「be ＋ ing 形」

「〜している／しています」であっても、実際にその出来事が起
こるのが**過去**であれば「have ＋ p.p.形」 （☞ p. 26 / p. 82)

「〜している／しています」が事実ではなく**仮想の話**をしている

場合、助動詞の過去形 （＝反実仮想） (☞ p. 150 / p. 209)

「〜している／しています」が「〜した／しました」で言い換えられる場合、**経歴**を表していることがある (☞ p. 29)
　　　→　英語では過去形

「〜している／しています」が「〜する／します」で言い換えられる場合、**現在の習慣**を表していることがある (☞ p. 30)
　　　→　英語では現在形

「〜する／します＝**動作**」、「〜している／しています＝**状態**」という区別の場合もある (☞ p. 16 / p. 23 / p. 25)
　　　→　英語では現在形

状態動詞の「〜している／しています」でも、**一時的な状態**を表している場合には、現在形を使わない (☞ p. 90)

＜　〜していた／していました　＞

「〜していた／していました＝過去進行形」とは限らない
　　　→　「〜している／しています」の働きを過去へシフト
　　　(☞ p. 157)

状態動詞の「〜していた／していました」でも、**継続期間**を表していれば、「had + p.p.形」 (☞ p. 96 / p. 163)

<　　現在　　>

「現在＝今の出来事」とは限らない （☞ p. 5 / p. 71）
　→　言語の世界の「現在」とは、**いつも通りの事**を指す

英語の**現在形**は、「習慣・反復行為」（☞ p. 6 / p. 71）、「一般的な事実」（☞ p. 8）、「状態・性質」（☞ p. 15）、「確定的な未来」（☞ p. 9）を表すのに使う

<　　過去　　>

「could＝過去」とは限らない （☞ p. 128 / p. 210）
　→　助動詞の"過去形"は、「現在」⇔「過去」という**時間のシフト**だけでなく、「事実」⇔「推量」という**事実性のシフト**も表す

助動詞の"過去形"が実際に「過去」のことを表すのは、実質的に could だけ　（☞ p. 135）

過去の「推量」を表すには、「助動詞＋完了形」 （☞ p. 139）

過去の「反実仮想」を表すには、「助動詞＋完了形」
（☞ p. 214）

< 未来 >

「will＝未来」とは限らない （☞ 第9章・第10章 / p. 178 / p. 200）

未来の表現では、**実現の確実性**によって、違う動詞の形を取る （☞ p. 124）

→ ただし未来の表現は、話し手の認識の仕方によって 変わるので、必ずしもどれか1つの表現だけが正しい とは限らない。言い換えが可能な場合も多くある （☞ 第9章・第10章）

「～でしょう」は**非断定**を表す表現 （☞ p. 111）

< 従属接続詞 >

「～する時に＝when」とは限らない （☞ p. 186 / p. 194）

→ 「～する前に」という意味であれば before

when は**時間設定**をする （☞ p. 194 / p. 207）

日本語の「～する時に」や「～した時に」には、**時間設定**と**前後 関係**の2つの働きがある （☞ p. 197 / p. 202）

過去の内容の場合、「～している時に」も「～していた時に」も was/were + ing 形になる （☞ p. 198） if 節で使われる"過去形"は、**「過去の条件」**と**「現在の反実仮想」**を表す （☞ p. 211）

「〜したら」「〜すれば」は、**時**と**条件**の2つを表す （☞ p. 166）

時を表す「〜したら」「〜すると」は、**同時**と**連続**を表す
（☞ p. 180 / p. 183）
　　→　動詞の種類によって、同時か連続かが決まる

「〜(し)たら」「〜(す)れば」「〜(する)と」は固定表現 （☞ p. 193）
　　→　「〜したら」や「〜すると」の「した」や「する」は、**過去形や現在形ではない**

「〜すれば」「〜するなら」は、条件を表すとは限らない
（☞ p. 219）

＜　その他　＞

「be + p.p.形＝受動文」とは限らない
　　→　ある動作が完了し、その結果の状態を「〜している／しています」が表している場合、英語では「be + p.p.形」 （☞ p. 144 / p. 153）

「be + ing 形＝進行形」とは限らない
　　→　ある心理を人に与える原因を主語に取り、「〜させる」

という意味を表すことがある（この ing 形は形容詞）
（☞ p. 148）

同じ1つの動詞でも、**動作**と**状態**の両方の意味を持つ場合がある（☞ p. 19）

「～に違いない」は must とは限らない（☞ p. 107）

<　　よくある間違った英訳　　>

「～している」（☞ p. 65 / p. 147）
「～したことがある」（☞ p. 85）
「行ったことがある」（☞ p. 86）
「～(年)前から」（☞ p. 95）
「～しようと思っている」（☞ p. 125）
「～できた」（☞ p. 136）
「知った」と「知っていた」（☞ p. 159）
「～する前に」（☞ p. 169）
「～している時に」（☞ p. 171）
「～した後で」（☞ p. 173）
「～する時に」（☞ p. 186）

索引

229

参考文献

小西友七・南出康世 編 （2001）「ジーニアス英和大辞典」 大修館書店

投野由紀夫 編 （2004）「ケンブリッジ英英和辞典」 小学館・ケンブリッジ

レナート デクラーク 著・安井稔 訳 （2011）「現代英文法総論」 開拓社

マイケル スワン （2015）「オックスフォード 実例 現代英語用法辞典」 研究社

安藤貞雄 （2016）「現代英文法講義」 開拓社

影山太郎 編 （2009）「日英対照 形容詞・副詞の意味と構文」 大修館書店

影山太郎 編 （2010）「日英対照 動詞の意味と構文」 大修館書店

影山太郎 編 （2011）「日英対照 名詞の意味と構文」 大修館書店

柏野健次 （2013）「テンスとアスペクトの語法」 開拓社

綿貫陽・宮川幸久・須貝猛敏・高松尚弘・マーク ピーターセン （2000）「ロイヤル英文法 改訂新版」 旺文社

久野暲・高見健一 （2015）「謎解きの英文法 時の表現」 くろしお出版

久野暲・高見健一 （2014）「謎解きの英文法 文の意味」 くろしお出版

デイビッド セイン・古正佳緒里 （2016）「ネイティブが教える英語の時制の使い分け」 研究社

小倉弘 （2017）「例解 和文英訳教本 文法矯正編」 プレイス

江田すみれ （2013）「『ている』『ていた』『ていない』のアスペクト―異なるジャンルのテクストにおける使用状況とその用法―」 くろしお出版

庵功雄・高梨信乃・中西久実子・山田敏弘 （2015）「初級を教える人のための日本語文法ハンドブック」 スリーエーネットワーク

庵功雄・高梨信乃・中西久実子・山田敏弘 （2015）「中上級を教える人のための日本語文法ハンドブック」 スリーエーネットワーク

川村 健治（かわむら　けんじ）

言語研究家。日本語を母国語とし、外国語として英語・スペイン語・トルコ語・ロシア語・フィンランド語を話す。

　元　横浜市立大学　英語非常勤講師
　元　トフルゼミナール　英語非常勤講師

　マンスフィールド大学　政治学部　卒業
　モスクワ大学大学院　経済学部　卒業
　東京大学文学部　言語文化学科　聴講生
　アークアカデミー　日本語教師養成講座　受講

他の著書：『日本語で理解する英文法』（2020 年、明日香出版社）

> ＊本書に対するご意見・ご感想をお聞かせ下さい。
> jisei.no.koushiki@gmail.com

〈英文校閲〉
Justin Lehmann、Corinne Vaatainen

英語表現をマスター！
時制の公式

　　　　　　　　　　　　　　　＜一歩進める
　　　　　　　　　　　　　　　英語学習・研究ブックス＞

2021 年 8 月 12 日　　第 1 版第 1 刷発行

　著作者　　川 村 健 治
　発行者　　武 村 哲 司
　印刷所　　日之出印刷株式会社

　発行所　　株式会社　開 拓 社

〒112-0013 東京都文京区音羽 1-22-16
電話　（03）5395-7101（代表）
振替　00160-8-39587
http://www.kaitakusha.co.jp